TRAVELKID Reisebericht

Indonesien

Reisfelder

Mit meiner Tochter auf Abenteuerreise durch Indonesien

Patrice Kragten

Impressum

1. Auflage 2009 | 2. Auflage 2016
Neuauflage Januar 2017
© 2017 TRAVELKID - Patrice Kragten – Zell am See - Österreich

Text, Fotos, Umschlaggestaltung und Layout:
Patrice Kragten

Herstellung und Verlag:
BoD - Books on Demand, Norderstedt

ISBN 978-3-7431-6533-5
ISBN 978-3-8391-0009-7 – nicht mehr erhältlich

www.travelkid.at | info@travelkid.at

Jede Weiterverwendung und Vervielfältigung ist ohne die vorherige Genehmigung durch die Autorin und TRAVELKID.at nicht gestattet.

Das Papier wurde aus chlorfrei gebleichtem Zellstoff hergestellt.

Inhaltsverzeichnis

Vorwort	7

1. Reise
Metropole Jakarta	9
Botanischer Garten	18
Alles Bambus	22
Affen und anderes Ungeziefer	28
Geysir und Tempel	34
Starbucks & McDonalds	42
Unsere Baumhütte	45
Komodo Warane	49
Entlang der Reisfelder	52

Fotos 1. Reise   **57**

Höhle, Halle, Höhle	61
Durch Reisfelder	64
Schnorcheln	70
Agung Batur	72
Dolphin watching	78
Mani & Padi	81
Chili	83
Opfergabe	87
Sanur	90
Die Lösung	92

Fotos 1. und 2. Reise   **94**

2. Reise

Herzliches Wiedersehen	98
Cooking Class	103
Drahtesel	109
LOVe INdonesiA	113
Verdorbene Kinder	118
Dschungelwanderung	122
Böse Überraschung	127
Abschied	132

Fotos 2. Reise — **138**

TRAVELKID „*abenteuerlich einfach*"	142
TRAVELKID Reisetipps	145
Wichtige Adressen	152
Meine anderen Bücher	154
Dankwort	167

Vorwort

Reisfelder
Mit meiner Tochter auf Abenteuerreise durch Indonesien

Rauchende Vulkane, farbenfroh geschmückte Tempel, saftig grüne Reisfelder, gläubige Menschen und ein azurblaues Meer. Das sind die würzigen Zutaten einer abenteuerlichen abwechslungsreichen Indonesienreise. In diesem **TRAVELKID** Reisebericht erzähle ich von meinen Erfahrungen während der 5-wöchigen Rundreise durch Indonesien, welche ich gemeinsam mit meiner 6-jährigen Tochter Romy im Oktober 2008 unternommen habe. Mit einem Auto, sowie einem hilfsbereiten Chauffeur und einem engagierten Reiseleiter legten wir über 1.800 Kilometer zurück. Anschließend berichte ich über meine zweite Reise, wobei ich spannende Aktivitäten und neue Hotels für TRAVELKID getestet habe.

Mein Reisebericht soll einerseits Informationen bieten für diejenigen, die demnächst mit den Kindern eine Bali-Reise mit TRAVELKID machen werden. Anderseits sollten meine Erfahrungen dazu dienen, dass Familien sich trauen, eine Fernreise mit den Kindern, in diesem Fall nach Indonesien, zu unternehmen. Ich wünsche euch eine schöne Reise!

Patrice Kragten

Karte Indonesien

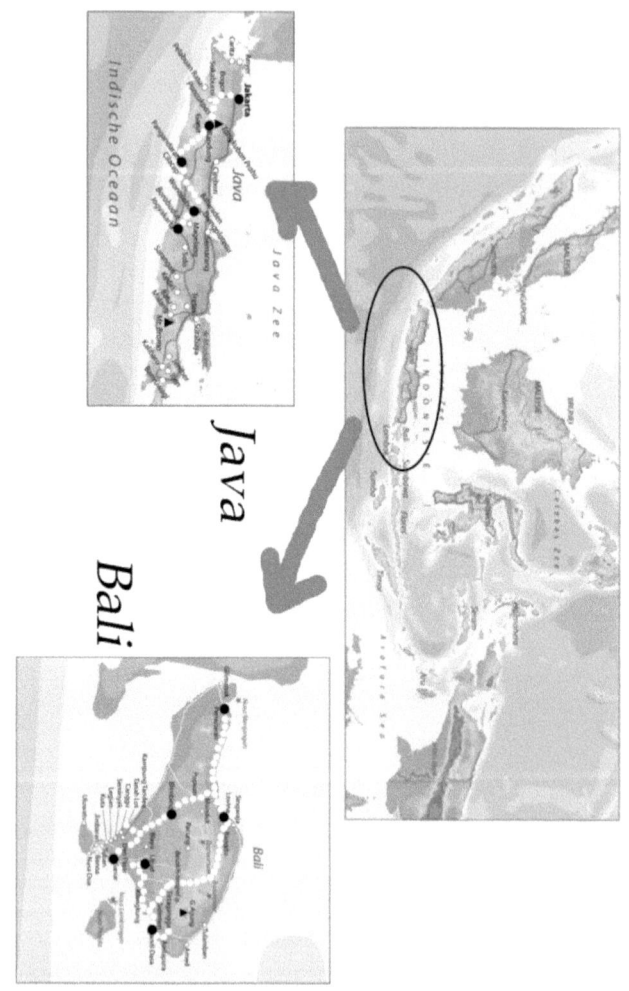

Weltmetropole Jakarta

Es ist ein unglaubliches Chaos auf der Straße. Rechts und links von uns, sowie vorne und hinten, oder besser gesagt, kreuz und quer, fahren Autos. Hier stellt sich wirklich die Frage, wieso es weiße Linien auf dem Asphalt gibt, wenn sich doch niemand daran hält. Auf der 2-spurigen Fahrbahn passen mühelos 3 bis 4 Autos nebeneinander und dies ist anscheinend auch erlaubt. Dazwischen fahren Skooters, 1000-de Skooters. Der Fahrer, mit oder ohne Helm, befördert bis zu 5 Personen inklusive (Klein-)kindern und Babys auf seinem Skooter. Interessant, dass auch ganze Geschäfte auf dem Gepäckträger Platz haben, wie die motorisierten Besen-, Hühner- und Erdnussverkäufer uns zeigen. Wir halten vor der roten Ampel an und werden von den 1000-den Skootern überholt. Sie platzieren sich alle ganz vorne und bilden bei Grün eine massive Front, Geisterfahrer haben hier keine Chance! Auch die dahinter stehenden Autos haben keine Chance, keine Chance dem stinkenden Rauchqualm zu entkommen. In der Weltmetropole Jakarta fährt beim Linksverkehr jeder da wo er will und niemand dort wo er muss!

Wir sind auf Java, oder besser gesagt in Jakarta, der Hauptstadt von Indonesien, angekommen. Von Zell am See bis Jakarta haben wir inklusive Zufahrt zum Flughafen und Umsteigen in Frankfurt fast 24 Stunden gebraucht. Meine Tochter Romy hat den Flug gut überstanden und steigt relativ fit aus dem Lufthansa Flieger. Die lange Reise war doch einfacher als gedacht. Sie hat heute ungefähr 7000 Airmiles auf ihren Jet Friends Pass gesammelt und kann sich mit sechs Jahren schon als Frequent Flyer bezeichnen. Unsere Reise ist von einer TRAVELKID Reiseagentur organisiert worden und wir, wichtig wie wir anscheinend sind, werden jetzt von einer Dreiermannschaft zum Hotel begleitet: Harris, Chef de Bureau, hat unsere Reservierungen vorgenommen, Chauffeur Mister Tonno und Reiseleiter Royen.

Voller Bewunderung fahren wir gemeinsam zum Ibis Mandarin Hotel im Zentrum von Jakarta. Es ist spät am Abend, die abendliche Rushhour ist in vollem Gange und wir sind von dem vielen Verkehr überrascht. Laut Wikipedia wohnen 13 Millionen Einwohner in dieser Stadt und die machen sich lärmend und stinkend bemerkbar. Große Gebäude internationaler Konzerne, die wirklich etwas Farbe brauchen könnten, reichen hoch hinaus, manche sind umgeben von Baugerüsten und werden renoviert, andere sind aus Glas. Dazwischen die Appartementkomplexe der lokalen Bevölkerung. Interessant sind die großen Wassertanks auf dem Dach, die Antennen der Satelliten am Balkon und überall hängen Elektrizitätskabel. Die Straßen werden außer von Autos und Skooters gefüllt mit ……….. Menschen, was sonst bei dieser Menschenmenge. Es ist gerade Essenszeit. Überall riecht und raucht es in den zahlreichen kleinen Buden, die sich liebevoll mit einem Tisch und drei bis vier Stühlen auf dem Gehsteig platziert haben und auf eine

Mahlzeit einladen. Ein typisches Bild Indonesiens, welches wir noch fünf Wochen sehen werden.

Indonesien ist der größte Archipel der Welt und zählt mehr als 13.600 Inseln, davon 5 Große und insgesamt sind nur 600 Inseln bewohnt – wir besuchen die zwei kinderfreundlichsten: Java und Bali. Der Archipel, welcher seit 1945 unabhängig von Holland ist, dehnt sich zwischen Australien und China aus, erstreckt sich über dem Äquator und grenzt an den Indischen und Pazifischen Ozean. Indonesien hört sich für uns immer ziemlich exotisch an. Wir vergessen meistens, dass Indonesien und speziell Bali das Gran Canaria für den Japaner, Taiwanesen sowie Australier und Neuseeländer ist. Die Infrastruktur, die Unterkünfte sowie das touristische Angebot ist durchaus ausgeprägt und von einfach bis zu äußerst luxuriös ist alles buchbar und vorhanden.

Unser Hotelzimmer ist genauso wie ein Hotelzimmer ausschauen soll: komfortables Bett, Schreibtisch mit Fernseher, Kleiderschrank und das Badezimmer mit Dusche und Toilette. Auch Shampoo, Wattestäbchen, Bademütze, Zahn- und Schuhputzzeug liegen liebevoll auf dem Waschbecken dekoriert. Das Zimmer hätte auch in New York, Nairobi oder Paris stehen können. Spätestens im Hotelrestaurant bemerkst du, dass du in Asien gelandet bist. Wir bestellen hier noch was zum Essen und legen uns um 22.00 Uhr müde, aber zufrieden ins Bett.

Am nächsten Tag verschaffen wir uns eine Übersicht von Indonesien und fahren mit der gleichen Dreiermannschaft der Reiseagentur zum Taman Mini Indonesia, ein 100 Hektar großer Themenpark, in dem alle Provinzen des Landes durch jeweils maßstabsgerechte Gebäude im traditionellen Baustil und Kunsthandwerk vertreten sind. Das Zentrum der Anlage ist ein Bassin mit einer Diagonale von zirka 550 Metern, in dem der gesamte indonesische Archipel nachgebildet ist. Mit einer wackeligen Seilbahn fahren wir über die Inseln und stellen fest, dass Österreich vor langer langer langer Zeit diese Seilbahn als „abgeschrieben" verkauft haben muss.

Glücklich, dass ich wieder festen Boden unter den Füßen habe, schlage ich eine kurze Pause vor und lade Harris und Royen auf einen Kaffee ein. Mister Tonno hat sich, wie es sich angeblich gehört, von unserer Truppe getrennt und wartet beim Auto oder sitzt mit anderen Chauffeuren in der Nähe des Einganges. Ich setze mich beim kleinen Kiosk auf den Boden und bestelle einen Cappuccino. Wie sich heraus stellt, war das die richtige Wahl. Wenn ich mir den Kaffee, auf Bali liebevoll Bali-Kaffee genannt, von Harris etwas genauer anschaue, sehe ich, dass sich unten in seinem Glas ein 1 Zentimeter dicker Kaffeesatz gebildet hat….

In Indonesien setzt man sich meistens auf den Boden, aber ich weiß nicht so wirklich wohin mit den Beinen. Oben drauf sitzen? Pfff, nein, da schlafen mir die Beine ein, nach vorne gestreckt geht auch nicht, du darfst die Unterseite deiner Füße nicht zeigen, dann einfach abwinkeln, bis die Hand dann einschläft.... Vielleicht Gewöhnungssache!?! Romy spielt inzwischen mit ihrer V-Tech Kidizoom Photokamera und legt die für sie wichtigsten Gegenstände auf Bild fest. Die Kokosnüsse, der Lautsprecher, ihr Kuscheltier Hundy, alles wird mit äußerster Präzision hingelegt, fotografiert und wieder zurückgelegt. Erstaunlich, wie sie sich mit Nichts beschäftigen kann!

Nach der Pause besuchen wir das Mini-Borobodur und in dem Theater machen wir Musik auf dem Gamelan. Gamelan ist eine der herausragenden Musikkulturen unserer Welt. Einige Gamelan-Instrumente kennen wir bereits in abgewandelter Form wie zum Beispiel das Xylophon oder das Metallophon. Gamelan-Ensembles können zwischen kammermusikalischen Besetzungen von zirka 6 oder 7 bis hin zu großen Orchestern von an die 40 Musiker differieren. Sowohl die Besetzungsstärke als auch die Zusammensetzung der Instrumente hängen vom jeweiligen Einsatzgebiet wie Straßenmusik, *Gadhon* (Kammermusik), *Wayang kulit* (Schattentheater) oder Tanz ab. Plötzlich höre ich lautes Lachen hinter mir - Romy hat großen Spaß mit Royen! Royen ist ein junger, sehr guter und äußerst professioneller Reiseleiter und kann außerdem sehr gut mit Kindern umgehen. Er hat selbst zwei Söhne, Tobias und Brian, die im gleichen Alter wie Romy sind. Er weiß also genau, was Kinder an Informationen brauchen und verarbeiten können. Die Beiden spielen eine Weile mit den Instrumenten und verständigen sich meistens auf Deutsch, teilweise in Holländisch. Ich dahingegen, habe bemerkt, dass mein

Englisch wieder etwas Übung braucht und spreche Englisch mit ihm.

Die Republik Indonesien hatte, als 1945 die Unabhängigkeit ausgerufen wurde, die Möglichkeit Holländisch zur Nationalsprache zu erklären, wollte aber mit den ehemaligen Kolonialherren nichts mehr gemein haben. Das Bahasa Indonesia wurde zur Nationalsprache, allerdings sprechen heute erst 18 Million Indonesier diese Sprache als Erstsprache. Sie ist niemandes „Muttersprache", sondern wird in der heutigen Form überall als Zweitsprache erlernt. So kann es passieren, dass es in abgelegenen Gegenden mit der Nationalsprache Verständigungsprobleme geben kann. Allerdings muss zumindest der Bürgermeister des Ortes Bahasa Indonesia sprechen, sonst kann er sein Amt nicht bekleiden.

Mister Tonno fügt sich wieder bei unserer Truppe ein, gemeinsam fahren wir für das Mittagsessen zum Restaurant am Strand. Auf Grund meines holländischen Ursprungs bin ich mit der Indonesischen Küche quasi aufgewachsen und bestelle erfreut Satey (Hühnerspieß mit Erdnussbuttersauce) mit Nasi Goreng (gebackenem Reis mit Gemüse und Fleisch). Romy bestellt Schinken-Käse-Toast, dazu frische Fruchtsäfte.

Die Indonesische Variante von Disney World: Ancol, mit gleichen Attraktionen wie Dombo fliegen, it´s a small world und das Affentheater ist natürlich eine sehr touristische Angelegenheit, aber der Nachmittag gehört Romy. Sie darf entscheiden was wir machen und so halten wir uns den Nachmittag im Park auf und da darf auch eine köstliche McDonalds Zwischenmahlzeit nicht fehlen!

Zurück im Hotel genießen wir das Abendessen wieder vom reichlich gefüllten Buffet des Hotelrestaurants. Witzig ist, dass der Reis, die Nudeln, das Gemüse und das Fleisch kalt sind. Auf dem Buffet befinden sich Körbe aus Metall, wo du die Speisen hinein gibst und in einem Warmwasserbassin untertauchst bis das Essen dann warm ist. Romy nimmt als Nachtisch noch ein Eis und ich einen Cappuccino. Wir nehmen beides mit zum wunderschönen grünen Innenhof des Hotels und genießen dort noch den Abend. Heute gehen wir früh und müde ins Bett.

Am nächsten Tag machen wir einen kurzen Besuch im Indonesischen Museum. Danach geht es zum alten Hafen. Es ist heute sehr warm und die Luftfeuchtigkeit ist ziemlich hoch. Auch ohne etwas zu tun, läuft uns der Schweiß über Gesichter und Rücken. Wir steigen aus dem Auto, kämpfen uns durch eine Hitzemauer und wandern, jeder mit 2 Flaschen Wasser in der Hand, entlang der Schiffe. Die Schritte und Handlungen werden automatisch langsamer, während Royen erzählt, dass die großen Schiffe noch immer mit der Hand beladen werden. Vollbeladen mit Zement fahren die meisten Schiffe nach Borneo und kommen nach 10 Tagen mit Holz wieder nach Jakarta zurück. Die modernsten Exemplare haben einen Hebekran, aber auch da wird die Ladung ohne viel Arbeitskraft nicht viel schneller auf das Schiff gebracht. Das alte holländische VOC-Gebäude steht immer noch beim Eingang des Hafens. Früher war in diesem Gebäude das Hauptbüro der Schifffahrt unter Leitung der holländischen VOC (Verenigde Oost-Indische Company) und es ist durchaus interessant etwas von meinem heimatlichen Ursprung zu sehen.

Direkt neben unserem Hotel befindet sich ein großes Einkaufszentrum mit Supermarkt, wo wir Kekse, Äpfel, Wasser und Süßigkeiten für die Rundreise einkaufen. Es wimmelt hier von Menschen, die Männer sind in einer farbenfrohen Bluse oder Sarong gekleidet - ein Sarong ist ein Rock aus zusammengenähten Stoffbahnen, welcher durch einen Knoten vor dem Bauch gehalten wird. Die Frauen sind in Chanel und Dior unterwegs, die Jungend in D&C oder Ed Hardy. Nichts deutet hier auf eine arme Nation hin. Obwohl Indonesiens Wirtschaft kräftig zulegt, und Jakarta und einige andere indonesische Metropolen boomen, lebt dennoch die Mehrheit der 240 Millionen Einwohner in einfachen Verhältnissen oder gar bitterer Armut. Nach Auffassung von Suhartos Regime ist jemand erst dann arm, wenn er täglich weniger als 5.000 Indonesische Rupiah, also knapp € 0,40 verdient. Jetzt solltest du wissen, dass eine Packung Reis im Supermarkt genau € 0,40 kostet....

Wir verbringen den Nachmittag am Rande des Schwimmbades. Inmitten der grauen, stinkenden Stadt hat das Ibis Tamarin Hotel eine grüne Ruhe-Oase mit blühenden Pflanzen und schattenreichen Bäumen im Innenhof kreiert. Wir erholen uns im angenehmen erfrischenden Wasser des Schwimmbades von den ersten

Urlaubstagen. Romy hat kurz vor dem Urlaub einen Schwimmkurs absolviert und zeigt voller Stolz was sie dort alles gelernt hat.

Botanischer Garten

Wir verlassen Jakarta und fahren Richtung Süden. Mister Tonno ist gut gelaunt und legt eine Kassette in den Kassetten-Spieler: the best of Queen. Es ist interessant zu sehen, wie Romy als Kind die Atmosphäre steuern kann, ohne dass sie sich dessen bewusst ist. So macht sie witzige Fotos von Royen mit ihrer Kamera und hat einen riesen Spaß dabei. Beim Mauthäuschen zahlt Mister Tonno einige Rupiah und biegt auf die neue, fast leere Autobahn nach Bogor ein. Auf der anderen Seite der Autobahn, also stadteinwärts, steht ein kilometerlanger Stau. Für Arbeiter, die sich den Luxus einer Wohnung innerhalb der Stadt nicht leisten können, dauert die Fahrt stadteinwärts in der Früh minimal 2 Stunden. Öffentliche Verkehrsmittel sind kaum vorhanden, es bleibt ihnen also nichts anderes übrig, auch am Abend stadtauswärts nicht!

Sobald wir die Stadt hinter uns gelassen haben, kommt langsam das wahre Indonesien hervor. Die Landschaft wird immer grüner, die Palmen strahlen in der Sonne, die Reisfelder sehen wunderschön und saftig grün aus. Dazwischen wohnt die arme Bevölkerung in kleinen Wellblech-Häuschen. Es muss da drinnen wirklich zum Ersticken sein, so warm. Und die Fliegen…. Die Kinder sind in Uniform auf dem Weg zur Schule, die Frauen tragen Wasser, Brennholz oder ganze Bananen-Trauben auf dem Kopf. Ein streunender Hund schnüffelt in einem

Müllhaufen nach etwas Essbaren. So wie er aber ausschaut, hat er schon wochenlang nichts gefunden.... „Am Land" werden die Anzahl der Autos immer weniger, die Anzahl der Skooter bleibt dahingegen gleich. Wenn du eh alles mit und auf dem Skooter transportieren kannst, brauchst du doch kein Auto. Kreativität spart Geld!

In Bogor angekommen, besuchen wir den weltberühmten botanischen Garten. Hier findet man die weltweit größten Sammlungen verschiedener Baum- und Pflanzenarten, sowie Orchideen und Gewürze. Royen erzählt, dass sich hier auch Fledermäuse aufhalten und die will Romy sehen! Wir lassen also die Orchideen links liegen und wandern rund um den Präsidentenpalast, wo kleine und schmale Pfade durch den Garten führen. Ein Eichhörnchen erschreckt sich und klettert schnell auf einen Baum, während Romy es mit ihrem Fernglas beobachtet. Wir können im Gebüsch sogar eine kleine Schlange entdecken. Ich versuche die Schlange zu fotografieren und auch Romy möchte ein Foto von der Schlange machen. Wir sind so von der Schlange fasziniert, dass wir nicht bemerken, was inzwischen passiert. Royen entdeckt eine Mücke bei Romy auf dem Arm, die gerade zustechen möchte. Als er das Tier erledigen will, bemerkt er, dass es ein ganzer Schwarm von Mücken auf uns abgesehen hat. Schnell, weg von hier, rennen!

Ohne Foto von der Schlange und auch ohne Blick auf die Fledermäuse - die halten sich gerade nicht in Bogor auf – wandern wir zum Teich. Die Wasserlilien blühen weiß und die Riesenblätter messen zirka 1 Meter im Durchschnitt. Man sagt, dass die Blätter so stark sind, dass ein Baby drauf sitzen kann. Ich glaube, dass die Babyfotografin Anne Geddes das sogar mal ausprobiert hat.

Wir steigen wieder in das Auto und fahren zum Restaurant - es ist Zeit für das Mittagessen. Das Restaurant besteht aus mehreren kleinen Pavillons, wo du statt einem Tisch einen kleinen Pavillon zugewiesen bekommst, ein nicht TÜV geprüfter Kinderspielplatz ist gleich daneben. Wir ziehen, wie es sich gehört, die Schuhe aus, waschen uns die Hände und setzen uns auf den Boden. Romy möchte erst mal schaukeln und rennt davon. Es kostet einiges an Überredungskraft, aber Mister Tonno setzt sich schließlich zu uns auf den Boden. Für Romy bestellen wir Satey ohne Marinade, also nur gegrilltes Hühnerfleisch mit Reis, welches frisch zubereitet wird und ihr sehr gut schmeckt. Royen hat für uns das Tagesmenü bestellt und wir bekommen ein kleines Buffet mit Reis, Fleisch, Gemüse und Fisch, alles schmeckt wunderbar. Nur am Boden sitzen und gleichzeitig essen ist komplizierter als gedacht.

Wenn du mit Kindern unterwegs nach Bandung bist, ist der Taman Safaripark bei Puncak ein Muss. Wir fahren mit dem eigenen Auto in den Park hinein, wo außer heimischen Tieren wie Komodo Waranen und Orang Utans auch afrikanische Tiere wie Löwen, Elefanten und Zebras zu sehen sind. Diese Tiere können eine Weiterfahrt manchmal unmöglich machen, weil sie einfach mitten auf der Straße stehen bleiben. Mister Tonno hat unglaublichen Spaß bei der Safari, ich glaube, dass er das zum ersten Mal in seinem Leben macht. Ein Strauß steckt den Kopf durchs offene Fenster und knabbert an seinem Hut. Royen, Romy und ich kriegen uns vor Lachen nicht mehr ein – die Tränen rollen uns über die Wangen.

Beim Ausgang steht eine sehr nette Dickhautdame namens Ewang und um nur IRP 100.000 (also knapp Euro 8,00) reiten wir eine Runde auf dem Rücken der Dame durch den Park. Ewang schaut ganz genau, wo sie ihre Füße platziert, knabbert unterwegs von den Blättern der Bäume und biegt plötzlich nach rechts in eine Seitengasse ein. Eh Ewang, da geht eine Treppe hinunter…. Wir halten uns etwas besser fest und tatsächlich steigt Ewang mit größter Vorsicht die Treppe hinunter. Wir schaukeln im Sitz rhythmisch von rechts nach links. Ich muss aufpassen, dass ich Romy nicht einklemme, weil ich hinter ihr sitze und immer weiter nach vorne rutsche. Unten angekommen sehe ich, dass die Treppe im Wasser endet, Ewang will baden. Unser Begleiter ist inzwischen auf einen Steg gesprungen, er will einige Fotos von uns machen. Während wir versuchen in die Kamera zu lächeln, hoffe ich inzwischen, dass unsere Dickhautdame stehen bleibt und nicht abhauen will. Aber brav wie sie ist, nimmt sie am Ende des Baches ihre Begleiter wieder auf und gemütlich reiten wir zurück zum Parkplatz. Wir verabschieden uns herzlich von Ewang und mit einem Kaffee in der Hand fahren wir weiter nach Bandung.

Alles Bambus

Gestern Abend habe ich bis 23.00 Uhr an meinem Reisebericht gearbeitet und habe, obwohl das Licht eingeschaltet war, wirklich keine Mücke in unserem Zimmer gesehen. Auch in Jakarta haben wir im Zimmer keine Mücke hören und sehen können, trotzdem ist Romy heute mit sicherlich 20 Mückenbeulen aufgewacht und, obwohl ich neben ihr liege, habe ich nur 2 Beulen. Oder sind die Stiche noch von der Mückenattacke im botanischen Garten in Bogor? Ich weiß es nicht. Der mittlere Teil von Java hat ein geringeres Malaria-Risiko und wir nehmen keine Malaria-Prophylaxe. Eincremen mit einer einfachen Anti-Mücken-Lotion sollte für diese fünf Tage die „gesündere" Lösung sein. Ich weiß schon, nicht jede Mücke ist eine Malaria-Mücke, aber wenn ich Romy so anschaue, kann ich nur hoffen, dass es wirklich keine Überträger waren, die sich in der Nacht in unser Zimmer geschlichen haben.

Nach dem Frühstück werden wir von Royen und Mister Tonno wieder abgeholt. Ich habe für diese Reise wieder mal Traveller Cheques mitgenommen und muss diese dringend in bares wechseln. Laut Royen kannst du Traveller Cheques nur bei einigen speziellen Banken umwechseln und tatsächlich, nicht alle Banken akzeptieren Traveller Cheques. Das habe ich nicht mal im tiefen, dunklen Afrika erlebt! Als wir endlich eine Bank finden, sagt die freundliche Dame hinter dem Counter, dass das Wechseln sicherlich eine Stunde dauern wird. Die Nummern der Cheques werden bis nach Singapore durchgecheckt. Wir haben heute eine lange Autofahrt vor uns, also lasse ich die Cheques Cheques bleiben und wechsle nur meine Dollars, die von der New York Reise übrig geblieben sind und die ich mitgenommen habe.

Heute geht die Fahrt nach Pangandaran an der Javanischen Südküste. Die Strasse ist 2-spurig und sehr gut befahrbar und wir kommen flott voran. Auf dem Weg sind außer Skooters auch zahlreiche kleine Lastwagen mit Ladefläche, die als Transport für Menschen dient, unterwegs. Es ist heute wieder sehr warm, aber Gott sei Dank nicht so drückend. In einem kleinen Dorf, Leles genannt, machen wir einen Zwischenstopp. Wir möchten den kleinen Cangkuang Tempel, welcher auf einer kleinen Insel steht, besuchen. Dieser Tempel ist nur erreichbar, indem wir mit einem kleinen Bambusboot den Fluss überqueren. Nicht nur wir sind mit dem Boot unterwegs, auch die lokale Bevölkerung paddelt fröhlich mit ihren Kindern über den kleinen See. Kaum festen Boden unter den Füßen, müssen wir mal dringend. In Indonesien gibt es meistens Stehklo`s, besser gesagt, du kannst dich oberhalb eines Lochs hinkauern. Daneben einen Hahn oder ein Becken mit Eimer zum Durchspülen. Als wir hier fertig sind, kommt der Klo-Betreuer und spült noch einen Eimer Wasser nach. Da wo wir noch aufgepasst haben, kein Wasser zu verschütten, schmeißt er den Eimer quasi durch die Kabine. Aha, deswegen ist es hier so nass am Boden!!

Weiter geht die Fahrt nach Naga Village, was soviel wie „unten im Tal" oder „Drache" bedeutet. Das Dorf besteht aus 110 weiß gestrichenen Häusern mit Dächern aus Bambus und Blättern von Palmbäumen und hier wohnen ca. 350 Menschen oder besser gesagt Sundas. Das Dorf liegt „Naga", also unten im Tal und ist nur über eine Treppe mit mehr als 300 Stufen, welche einen Drachen symbolisieren, zu erreichen. Wir bekommen einen Führer zugewiesen und auch Royen begleitet uns zum Dorf. Verschiedene Sundas sind auf der Treppe Richtung Straße unterwegs und sind sehr an Romy interessiert. Die Indonesier lieben Kinder, das ist für sie wirklich das Wichtigste im Leben. Die Familiengründung gehört sogar zu den höchsten Pflichten. Laut einer alten Überlieferung heißt es, dass ein Mann, der unverheiratet stirbt, im nächsten Leben die Schweine füttern muss.

Die Menschen können die Hände nicht von Romy, mit ihrer weißen Haut und ihren langen blonden Haaren, lassen und fassen sie immer wieder an. Auch wird sie mit den Handys ständig fotografiert, was sie natürlich nicht mag.

Wir kämpfen uns durch, überlegen uns inzwischen eine Gegenstrategie und gelangen über eine Bambus-Brücke zum Dorf. Jedes Haus hat im ersten Stock eine Küche, zwei bis drei Schlafzimmer, ein Wohnzimmer und ein Gästezimmer, die Hühner und Ziegen leben im Erdgeschoss. Elektrizität dürfen die Sundas nicht haben, aber eine Autobatterie gibt für zirka zwei Wochen Strom für den Fernseher. Keine 75-Zoll und aufwärts Flachbildschirme, nein, hier gibt es noch originale Philips schwarzweiß Geräte aus den siebziger Jahren. Interessant ist, dass ihre Handys neuer sind als mein MDA! Zum Nachfüllen wird die Batterie übrigens jeder zweite Woche zur Tankstelle entlang der Hauptstraße hinauf getragen. Wir dürfen ein Haus besichtigen und Romy ist vom Kinderzimmer ziemlich beeindruckt. Hier steht nur ein Bett, welches von drei Geschwistern geteilt wird, kein Spielzeug in den Schränken und auch Kleidung ist nicht in Hülle und Fülle vorhanden.

Zwei Frauen zeigen uns, wie Bambus gespalten wird und Romy darf dabei helfen, keine leichte Arbeit! Die gespaltenen Zweige werden zu Körben oder Bambus-Rollvorhängen verarbeitet und verkauft. Auch andere liebevoll mit der Hand gemachte Souvenirs, Schmuck und Puppen werden in einem kleinen Shop verkauft. Der Lebensunterhalt wird größtenteils mit der Reisernte verdient, was übrigens die Frauen betreiben, wer sonst?!

Wir klettern die Stiege wieder hinauf zum Auto, Romy ist bereit für die Gegenstrategie - sie hat ihre Fotokamera in der Hand und fotografiert alle lästigen Leute! Wir verabschieden uns beim Führer mit Trinkgeld und zwei kleinen Geschenken für seine Kinder. Die Weiterfahrt nach Pangandaran dauert lange, fast 4 Stunden, weil Mister Tonno eine falsche Abzweigung genommen hat. Wir passieren Dörfer, wo jedes zweite Geschäft Dachziegel verkauft und pro Familie mindestens eine Person in der örtlichen Dachziegel-Fabrik arbeitet. Unglaublich, dass Orte von nur einem Unternehmen existieren, leben und überleben können.

Die Landschaft färbt sich in grün, grüner, am grünsten, Palmbäume zeigen ihre Kokosnüsse, Mango-Bäume ihre fast reifen Mangos, Bananenbäume blühen mit einer großen lila Blüte, die Natur ist wirklich fabelhaft.

Wir nähern uns Pangandaran, wo wir erst um halb 8 abends ankommen und fahren gleich zum Sunrise Beach Hotel. Der Garten schaut mit der eingeschalteten Beleuchtung wunderschön gepflegt aus, die Rezeption befindet sich draußen in der Freiluft mit großen Holzskulpturen und Ornamenten verschönert. Umso größer die Enttäuschung - das Zimmer ist schmuddelig und sehr dreckig. Der nasse Fleck am Boden verrät, dass die Aircondition leckt, bei der Toilette fehlt der Sitz, die Spannleintücher haben riesige Löcher. Ich frage den Hausmeister ob er unser Moskito-Netz aufhängen kann, das werden wir heute brauchen! Da wird einfach eine Schraube in die Decke gejagt, fertig! Mir egal, wir können unter dem Netz in dem nicht wirklich sauber aussehenden Bett auf jeden Fall „ruhig" schlafen.

Bevor es soweit ist, packen wir erst schnell die wichtigsten Sachen aus und nehmen das UNO Kartenspiel mit zum Restaurant. Wir spielen pro Tag sicherlich 30 Mal dieses Spiel und meistens gewinnt Romy. Nein, ich lasse sie nicht gewinnen, sie gewinnt wirklich! Royen ist vom Spiel begeistert und möchte es auch lernen. In unser Zimmer sind wir durch die Hintertüre gekommen und nehmen jetzt die Vordertüre wieder raus. Ich sperre die Türe zu und bemerke, dass wir praktisch am Strand wohnen. Die Sonne ist schon längst unter gegangen und es ist stockfinster. Das ruhige Wasser des Meeres schimmert im Licht einer Straßenlaterne. Dann knurrt der Magen. Heute haben wir noch nicht viel gegessen und bestellen im Restaurant eine Pizza, die leider genau so schmuddelig aussieht wie unser Zimmer und ähnlich schmeckt Der Supermarkt an der anderen Straßenseite bietet die Lösung! Der hat um 21.00 Uhr, sowie viele andere Geschäfte entlang der Straße, noch geöffnet und wir kaufen noch schnell einige Süßigkeiten für morgen. Die Äpfel, Kekse und das Wasser sind unser zweites Abendessen. Zurück im Zimmer zünde ich die Moskito-Spirale an, sprühe etwas Anti-Mücken-Lotion im Zimmer herum und lege mich neben Romy ins Bett. Unter der Türe ist ein zwei Zentimeter großer Spalt, ich traue mich wegen unvorhergesehenem Besuch von Mücken und anderem Ungeziefer nicht das Licht einzuschalten und mit einer Taschenlampe in der Hand lese ich noch etwas. Die zahlreichen Salamander, die an der Wand und Decke kleben, dürfen natürlich bleiben!

Affen und anderes Ungeziefer

Ich springe frisch und munter aus dem Bett und steige fast auf eine Kakerlaken-Leiche. I-gitt! Ich bin froh, dass wir das Moskito-Netz aufgehängt haben. Die Koffer habe ich in der Nacht zugesperrt. Als ich am Boden noch drei weitere Kakerlaken finde, war das keine schlechte Idee. Diese Tierchen möchte ich ja nicht mit nach Hause nehmen!

Heute fahren wir nach Parigi, wo ein Ausflug zum Green Canyon auf dem Programm steht. Entlang der Küste sehen zahlreiche Häuser total zerstört aus: „der Tsunami vom Dezember 2004" sagt Royen, „und kein Geld für den Wiederaufbau". Am Flugplatz: lies auf einem 10 x 10 Meter Acker am Strand mit einer 200 Meter langen sandigen Start- und Landebahn, steht eine kleine Dash 8 geparkt. Der Besitzer des Flugzeuges: ein Millionär – eh klar - war laut Royen als einer der Ersten in Banda Aceh auf Sumatra um Hilfe zu leisten. Wir wandern ein kurzes Stück am Strand entlang und in den trotzdem bewohnten zerstörten Häuschen ist das Familienleben schon auf Touren. Nach dem Frühstück arbeiten die Männer am Reisfeld oder in der Stadt. Die Frauen sind den ganzen Tag mit Wasserholen, Kauf und Verkauf von Waren auf dem Markt und dem Herrichten von Opfergaben beschäftigt. Die Kindererziehung wird von allen Familienmitgliedern übernommen. Kleinkinder, die nicht mehr gestillt werden müssen, werden den älteren

Schwestern „übergeben", während die älteren Brüder entdecken, herumstreunen und spielen dürfen. Romy entdeckt am Strand wunderschöne goldene Opfergaben-Überreste, wahrscheinlich von einem Hochzeitsopfer und sie möchte diese Schmuckstücke mitnehmen. Eigentlich darf man Opfergaben nicht mitnehmen, man darf die schmuddeligen Überreste nicht mal wegschmeißen. Hier liegen aber von mehreren Jahren Opfergaben zusammengekehrt auf einem stinkenden Misthaufen. Royen schaut kurz weg, ich glaube nicht, dass er einem strengen Glauben folgt, und Romy steckt die Goldstücke schnell ein.

Mit einem motorisierten traditionellen Kanu fahren wir über den Fluss zum Green Canyon. Unterwegs bewundern wir die farbenfrohe Natur, die lila blühenden Bougainvilleas und stoßen sogar auf einige Leguane. Fischer versuchen mit riesigen Netzen das Abendessen sicher zu stellen, die Vögel freuen sich über die „einfache" Beute. Am Anfang des Canyon gibt es Stromschnellen, wo du dich mit Schwimmwesten treiben lassen kannst. Eine nette Geste, wenn du mit größeren Kindern unterwegs bist, aber für kleinere Kinder, die gerade schwimmen lernen, leider nicht geeignet.

Auf dem Weg zurück nach Pangandaran schlägt Royen vor, noch etwas am Sandstrand schwimmen zu gehen. Das einzige Stück Meer, wo wir sicher schwimmen können, ist mit dem Boot oder zu Fuß in 30 Minuten durch den Wald erreichbar. Direkt im Ort ist das Meer viel zu rau und die Wellen reichen in der Brandung sicherlich 1 Meter in die Höhe. Wir entscheiden uns für die Wandervariante und werden beim Eingang von den Makaken Affen herzlich begrüßt. Weil die Menschen die Affen füttern, sind sie ziemlich frech geworden. Royen, bewaffnet mit einem Bambusstock, verjagt fachmännisch die Affen. Später übernimmt Romy diese Arbeit und sie macht ihr wirklich Spaß. Trotzdem heißt es aufpassen, weil die Affen sich in den Baumwipfeln an uns heranpirschen.

Wir haben die Badesachen schon an und springen gleich ins Wasser. Das Meerwasser ist sauber, fast warm, ohne große Wellen und auch die einheimische Bevölkerung kommt zahlreich hierher zum Schnorcheln, Fischen oder Schwimmen. Weil 80 % der Bevölkerung Moslems sind, dürfen die Frauen nur bedeckt schwimmen gehen und somit haben wir gleich verraten, dass wir keine Moslems sind. Immer wieder müssen wir aus dem herrlichen warmen Wasser heraus springen um unsere Kleidung und das Essen gegen die Affen zu verteidigen, aber nicht nur Affen sind hinter unserem Essen her. Auch Rehe und Leguane streunen durch den Wald Richtung Strand. Ein Leguan ist sicherlich 1,5 Meter lang, also mit etwas Respekt zu bekämpfen! Wir bleiben etwa 3 Stunden am Strand und es ist ein fabelhafter Platz zum Relaxen und Faulenzen.

Das Sunrise Beach Hotel ist sicherlich nicht das beste Hotel in Pangandaran und auf dem Weg zurück zum Hotel machen wir einen Stopp beim Nyiur Resort Hotel, gleich neben einem Geldautomaten. Geld wechseln mit

Traveller Cheques dauert bei der Bank eine Stunde, mit dem Geldautomaten hast du in nicht mal einer Minute die Rupiahs in der Hand!! Und weil das Hotel so schön ausschaut, schlage ich vor den Cappuccino hier zu testen. Wir setzen uns beim Schwimmbad hin und Romy springt gleich wieder ins Wasser, während Royen und ich einen tatsächlich herrlichen Cappuccino genießen. Es hat sich inzwischen so eingebürgert, dass ich Royen immer auf einen Kaffee einlade, welchen er natürlich ungeniert und gerne annimmt. Mit einem gigantischen Durchschnittspreis von Euro 1,25 für mich auch keine große Sache.

Zurück im Hotel begrüßen wir unsere Haustiere: die Salamander und die Kakerlaken, macht nichts, wir haben das Moskitonetz aufgehängt und die Koffer mit Schlössern versperrt! Ich zeige Royen das Zimmer, er soll mal wissen, was seine Agentur verkauft. Obwohl er wahrscheinlich selbst in noch schmuddeligeren Quartieren übernachtet, Royen und Mister Tonno übernachten nie im gleichen Quartier wie wir, ist auch er von der schlechten Qualität überrascht. Als Profi weiß er natürlich ganz genau, was Touristen „brauchen" und „wünschen". Wir einigen uns auf eine Programm-Änderung und fahren schon am nächsten Tag nach Wonosobo. Ich muss meinen freien Tag nicht wirklich im Sunrise Beach Hotel verbringen!!!

Romy geht es heute nicht besonders gut, sie hat nichts gefrühstückt und auch keinen Hunger. Ich glaube nicht, dass sie krank wird, es wird wohl eher der Kreislauf oder niedriger Blutzuckerspiegel sein. Ich schlage vor kurz anzuhalten, damit sie etwas herum gehen kann. Direkt neben der Straße steht eine Tannenbaumart, wo aus der Rinde Terpentin gewonnen wird und eine Gottesanbeterin von sicherlich 20 Zentimetern beobachtet uns. Mit einem Keks in der Hand spielt Romy eine Weile mit den Blättern der Mimosa-Pflanzen. Wenn du die Blätter berührst, schließen sie sich, um sich nach zirka 10 Minuten, wieder zu öffnen - ein lustiges Spielzeug. Während der Spielerei habe ich Romy unbemerkt Kekse und einen Apfel zugesteckt, was sie auch gegessen hat. Jetzt geht es ihr wieder gut. Manchmal ist „doktern" ganz einfach.

Wir fahren weiter und nach einer Stunde stellt sich heraus, dass unsere Entscheidung Pangandaran zu verlassen, richtig war. Die ersten Regenschauer kündigen gnadenlos an, dass die Regenzeit in Indonesien begonnen hat. Innerhalb von 5 Minuten stehen die Strassen unter Wasser und die Menschen flüchten in ihre Häuser, obwohl ich glaube, dass es da nicht wirklich trockener ist und bleibt.... Die Skooter-Fahrer sind erstaunlicherweise auf Regen eingestellt und fahren in gelben, roten, weißen oder durchsichtigen Plastikfetzen ungestört weiter, mit Kindern, mit Last!

Nach 5 Stunden Autofahrt erreichen wir am späten Nachmittag Wonosobo und beziehen das viel bessere Kresna Hotel. Wir sind die einzigen Gäste, etwas später kommt noch ein holländisches Ehepaar angereist. Die Holländer sind in Indonesien zahlreich unterwegs, viele haben noch eine Verwandtschaft innerhalb der Republik oder sonstiges Interesse, weil Indonesien vor 60 Jahren noch eine holländische Kolonie war. Die Holländer sind also noch nicht so lange weg aus Indonesien.

Das Hotelzimmer ist wunderschön. Badezimmer, Kühlschrank, Kaffeemaschine, alles ist vorhanden und wir lassen den Hausmeister sicherheitshalber das Moskito-Netz aufhängen. Romy hat das große Schwimmbad im Garten schon entdeckt und möchte unbedingt vor dem Abendessen noch hinein. Das Wasser ist aber ordentlich kalt. Ein Zeichen, dass wir im Gebirge unterwegs sind. Am Horizont sehen wir die Vulkane Sundoro und Sumbing, sie reichen hier über 3.000 Meter Höhe.

Royen schlägt vor, dass wir das Abendessen im Hotel konsumieren. Ich finde die Idee in Ordnung und er bestellt das Tagesmenü für uns. Zahlreiche Schüsseln mit Gemüse, Fleisch und Reis werden auf den viel zu kleinen Tisch gestellt und wir lassen es uns gut schmecken. Nach dem Abendessen lade ich Royen wieder auf einen Cappuccino ein. Romy bringt ihm, bevor sie schlafen geht, noch das UNO Kartenspiel bei und gewinnt dauernd, sorry Royen!

Geysir und Tempel

In dem Dieng Gebiet rund um Wonosobo wird jede Fläche genützt um Gemüse anzubauen. Der ganze Berg schaut wie ein riesiges Schachbrett aus. Frühlingszwiebeln, Kartoffeln, Weißkraut, alles wird auf den Hängen bis zu 2.000 Meter Seehöhe in Quadraten gepflanzt, gepflegt und bewässert. In den, für den Reisbau zu hoch, oder zu trocken gelegenen Regionen werden auch Erdnüsse, Gemüse und Früchte wie Papaya, Mango und Salak angebaut. Meistens kaufen 4 oder 5 Bauern eine Pumpe und benützen elendslange Schläuche um das Wasser über die Felder hinauf zu pumpen und zu transportieren. Das Gebiet ist so fruchtbar, weil das Dieng Plateau eigentlich ein alter Vulkan ist. Wir fahren mit unserem Auto den Berg ganz nach oben und steigen in den Krater des schlafenden Sikidang Vulkanes hinein. Obwohl schlafend? Alles blubbert, spuckt und raucht. Es gibt zahlreiche Geysire, wo kochender Schlamm und heißer Dampf austritt und laut Royen wird das „Blubber-Gebiet" jedes Mal, wenn er es wieder besucht, größer....

Direkt neben dem Kraterrand befindet sich ein alter Hindukomplex: der Arjuna Tempel. Wir schlendern – zusammen mit Schafen und Schafhirten – durch das kleine Areal, auf dem sich drei Tempel und eine Art Grabkammer befinden. Als nächster Stopp: die Telaga Warna Seen, wo das Wasser trotz des inzwischen ziemlich bewölkten Himmels türkis schimmert. Interessant ist, dass der See sein Wasser über den Grund bekommt und entsprechend schwefelhaltig ist. Der Nachbarsee hat sich auf natürliche Art durch Regenwasser gebildet und ist somit auch von Fischen besiedelt.

Am nächsten Tag verlassen wir Wonosobo schon sehr früh und zirka 20 Kilometer außerhalb vom Ort besuchen wir eine Teeplantage von über 200 Hektar. Überall wo du schaust, siehst du die Teepflanzen - ab und zu mit einem Baum in der Mitte um Schatten zu spenden - die Vulkane Sundoro und Sumbing im Hintergrund. Die obersten zwei neuen Blätter von jedem Ast werden 2-mal im Monat gepflückt, wieder nur von den Frauen, und das meistens zwischen 6 Uhr und 9 Uhr in der Früh. Es ist 8.00 Uhr und wir machen uns auf die Suche nach den Frauen. Zuerst wandern wir durch die Teeplantage, später holt Mister Tonno uns ab und wir suchen mit dem Auto die Plantage nach pflückenden Frauen ab. Als wir schließlich um 8.45 Uhr die fleißigen Frauen finden, ist die Arbeit schon erledigt, Schade.

Damit Romy doch einen Eindruck von dieser Arbeit bekommt, zeigt Royen auf lustige Weise wie man Tee pflückt. Er stellt sich zwischen die Pflanzen und tut so als ob er pflücken würde. Romy hat großen Spaß und auch sie hat sich inzwischen inmitten der Sträucher hingestellt. Royen erklärt, dass, nachdem die Blätter gepflückt sind, sie gewaschen, getrocknet und später ganz klein zerschnitten werden. Danach werden Zitrone, Pfefferminz oder Zimt im Beutel hinzugefügt, dadurch entstehen Teesorten mit verschiedenen Geschmacksrichtungen. Romy nimmt einige Blätter in ihrem Rucksack mit, als Andenken.

Mister Tonno hält die Türe des Autos wieder auf und Romy steigt prompt an der anderen Seite ein. Sie hat inzwischen ein Spiel daraus gemacht und Mister Tonno spielt das Spielchen fabelhaft mit. Wir haben von Zuhause einen kleinen Auto-Kindersitz mitgenommen, Kinderstühle sind in Indonesien nicht verpflichtend! Anschnallen schon. Jetzt sitzt sie etwas höher und kann besser aus dem Fenster schauen. Wir sitzen immer auf der Rücksitzbank und Royen hat sogar seine Kopfstütze herausgeholt, damit Romy besser aus dem Fenster hinaus schauen kann. Das Auto ist immer mit Taschentüchern, kaltem Wasser und Süßigkeiten wie Mentos oder Fruitella ausgestattet und gemütlich fahren wir weiter Richtung Süden, bis wir bei einem der 7 Weltwunder ankommen: dem Borobodur. Gleich beim Aussteigen wird der enorme touristische Aspekt dieser Sehenswürdigkeit deutlich. Souvenirverkäufer, die alle das gleiche Zeug verkaufen, umringen uns und Postkarten, Elefanten aus allerhand Materialien, Holzschnitzereien, alles können und sollen wir kaufen. Peet, ein enthusiastischer Verkäufer, will uns einen „goldenen" Elefanten verkaufen und folgt uns eine Weile. Romy möchte natürlich den Elefanten haben und Peet, professionell wie er ist, nützt das dankbar aus. Aber ich gebe nicht nach – noch nicht, der Preis ist noch viel zu hoch für einen einfachen Elefanten und zu billig für Gold….

Der Borobodur ist eigentlich ein alter Pilgerort und gleichzeitig ein Meisterwerk buddhistischer Baukunst. Die Grundfläche ist quadratisch, fünf Terrassen versinnbildlichen die Dreiteilung des buddhistischen Lebens. Die unterste Stufe symbolisiert das alltägliche Leben, die zweite Stufe die vergeistigte Form und auf der dritten Stufe erreicht man die Loslösung von dieser Welt. Die Reliefs auf dem Weg dorthin zeigen die Qualen und Mühen die man durchstehen müsste um dort anzukommen. Romy bekommt die notwendigsten Informationen in verkürzter Form und es ist erstaunlich, was sie so mitnimmt aus den verschiedensten Reliefs.

Ganz oben sind 76 Stupas aufgestellt. Das Berühren der Buddhastatuen in den kleinen Stupas soll Glück und Wohlstand bringen. Romy hat ihr Glück und Wohlstand für ihr restliches Leben sichergestellt, in dem sie wirklich bis zum letzten Stupa alle Buddhas angefasst hat.

Mit Glück und Wohlstand in Körper und Seele wandern wir alle Stiegen wieder hinunter, wo Peet, noch immer, mit dem Elefanten in der Hand, geduldig auf uns wartet. Bewundernswert sein Durchhaltevermögen, was ich jetzt mit einem Kauf belohnen werde. Für IRP 50.000 wechselt der Elefant zur „goldenen" Besitzerin.

Am Ende der Besichtigungsrunde schauen wir uns noch eine Videopräsentation an. In Holländisch bekommen wir die wichtigsten Informationen zum Borobodur in Bild und Ton noch mal erklärt. Und wenn manche Reliefs sogar „zum Leben" erwachen, ist für Romy alles noch deutlicher geworden – ein interessanter Besuch – auch für Kinder!

Zuerst versuche ich noch, mir alle Informationen dieses imposanten Bauwerkes zu merken. Wenn das zu viel wird schreibe ich die wichtigsten Sachen auf. Ich bin aber so von der Schönheit und Pracht dieses Weltwunders überwältigt und es gibt so viele Informationen, dass ich nicht mehr weiß, was ich aufschreiben soll. Ich lasse es also bei dieser verkürzten Version und will heute einfach nur genießen. Muss auch mal sein, nicht wahr? Außerdem ist der Borobodur für jeden Indonesienbesucher ein absolutes Muss und jeder soll sich selbst die für ihn wichtigen und interessanten Informationen, mit oder ohne Führung, zulegen, ein Besuch lohnt sich auf jeden Fall!

Nicht nur Peet, sondern ein großer Markt mit zahlreichen Souvenirverkäufern befindet sich direkt beim Ausgang, du kannst gar nicht aus! Ich bin von einer kleinen Familie aus Holz begeistert. Die vier hölzernen „Darsteller" sind unterschiedlich groß, logischerweise ist der Papa die größte Figur, und alle sind mit einem grünen Sarong bekleidet. Ich habe für mich noch gar keine Souvenirs gekauft, also wird diese geschnitzte Familie Ankauf Nummer eins.

Direkt neben unserem Auto steht, fast wie abgesprochen, eine Pferdekutsche bereit. Angezogen vom edlen Tier fragt Romy, ob sie mit der Kutsche zum Restaurant, welches sich nicht mal 1 Kilometer weiter befindet, fahren darf. „Natürlich Mädel, machen wir!" Die Kutsche hat nur eine Achse, wodurch das Einsteigen an der Hinterseite der Kutsche etwas komplizierter ist. Ich habe Angst, dass wenn ich hinten einsteige, das Pferd vorne abhebt. Nicht dass ich zu dick bin, aber das Pferd besteht wirklich nur noch aus Knochen und Fell. Und wenn es wegtrabt, höre ich dieses fürchterliche Doppelgeklacke der Hufeisen. Das Pferd war meiner Meinung nach schon lange nicht mehr beim Hufschmied. Wir fragen den Kutscher, was neue Hufeisen kosten. Ich habe früher ein Pferd gehabt und die Hufeisen haben mich als Schülerin immer ein kleines Vermögen gekostet. „IRP 50.000", sagt er, aber hallo, das sind nur Euro 3,75!!! Erstaunt von dem Billigpreis - für den Kutscher natürlich ein Vermögen – entscheide ich spontan, dass ich diesem Pferd neue Hufeisen schenken möchte. Der Kutscher ist sichtbar überrascht und froh über mein Angebot und als wir inzwischen beim Restaurant ankommen und aussteigen, wird dort mit dem Hausmeister des Restaurants eine Strategie ausgedacht: Ich zahle dem Kutscher das Geld und der Hausmeister, der den Kutscher anscheinend gut kennt, wird darauf achten, dass das Pferd neue Eisen bekommt indem der Kutscher, innerhalb von einer Woche, die neuen Hufeisen beim Hausmeister vorzeigen wird – GENIAL!

Das Restaurant, wo wir zu Mittag essen, befindet sich in einem Luxus-Resort, wir dürfen mit ruhigem Gewissen einen Garnelensalat und Vanille-Eis als Dessert bestellen und genießen das köstliche Essen in einem prachtvollen Ambiente. Im Garten sind große Masken und Holzskulpturen aufgestellt, der Frangipani hat sicherlich 1 Million prächtige weiß blühende Blumen, das Herz der Blume färbt sich in kräftiges Gelb. Die riesige Königs- und Bettelpalme sowie ein Bananenbaum sorgen für etwas Schatten. Royen gesellt sich rechtzeitig für den Cappuccino wieder zu uns und während Romy beim Wasser des Schwimmbades spielt, trinken wir den warmen Kaffee mit herrlichem Milchschaum – dann ab nach Yogya!

Die Geschichte Yogyakartas begann erst im Jahre 1755, als die Holländer das bis dahin existierende Mataram-Reich in zwei Fürstentümer teilten: Solo und eben Yogyakarta. In Yogya, wie die Einwohner ihre Stadt liebevoll abkürzen, bauten sich die Herrscher eine Stadt in der Stadt, die von der einfachen Bevölkerung finanziert wurde: die Bevölkerung musste 50 % der Ernte an den Hof abliefern. Die Steuerlast führte dazu, dass das Volk verarmte, während das Leben am Hof prunkvoll gewesen sein muss. Obwohl ein reichhaltiges Angebot an Kultur und Sehenswertem geboten wird, zeigt sich Yogya auch heute nicht als prächtige Stadt. Der Ort hat zirka 420.000 Einwohner und ist recht weitläufig angelegt. Die Atmosphäre schwankt zwischen geschäftlich und gelassen. In der Hauptsaison wimmelt es von Touristen, die aber nicht besonders auffallen. Nicht zuletzt durch die Gaja-Mada-Universität, wo 20.000 Studenten aus aller Welt zum Beispiel Tropenmedizin studieren.

Endlich ein Hotel mit einer Wireless Internetverbindung! Hier kann ich den ersten Teil des Reiseberichtes auf der TRAVELKID Homepage platzieren. Außerdem möchten die Daheimgebliebenen auch gerne wissen, wo wir umgehen und was wir so treiben und zahlreiche TRAVELKID-Kunden verfolgen unsere Reise.

Unser Zimmer ist wieder von großartiger 4-Sterne Qualität mit sauberem Badezimmer und Wasserkocher mit Kaffeepulver. Nach der „Arbeit" wechseln wir vom Zimmer an den Beckenrand des Schwimmbades. Normalerweise bin ich nicht so eine Wasserratte, aber jetzt mit Romy, gerade wo sie ihren Schwimmkurs absolviert hat, sind wir viel im Wasser zu finden. Und – ehrlich ist ehrlich – das Wasser kühlt herrlich ab!

Die Lobby des Yogyakarta Plaza Hotels ist gemütlich eingerichtet, ein Souvenirgeschäft hat die Verkaufswaren ausgestellt und das Restaurant lädt zum Abendessen ein. Romy bestellt Pizza und ich wieder Nasi Goreng mit Satey. Dazu ein Glas Weißwein und für Romy ein Eis als Dessert. Vorzüglich! In der angrenzenden Lobby fängt nach dem Abendessen eine Sängerin mit ihrer Performance an. Ich setze mich mit einem Kaffee in ein komfortables Fauteuil in der Lobby, während Romy am Boden mit ihrem Playmobil spielt. Wir genießen das Ambiente und es ist bereits 21.30 Uhr, als wir uns zum Zimmer begeben.

Starbucks & McDonalds

Vor 2 Jahren hat das Erdbeben Gempa den Prambanan Tempel komplett zerstört. Noch immer drohen Steine herunter zu fallen und auch die Restaurationsarbeiten sind noch in vollem Gange. Deshalb ist die Tempelanlage von einem Zaun umgeben und die Besichtigung leider sehr eingeschränkt möglich. Wie Borobodur zählt auch der hinduistische Tempelkomplex Prambanan zum Weltkulturerbe. Es ist dort aber warm, sehr warm sogar und Romy hat inzwischen genug vom kulturellen Programm. Wir brechen die Besichtigung nach einer halben Stunde ab und fahren zu einem Einkaufszentrum. Wir sollten uns auf die Suche nach einem Geschenk für Royen machen. Morgen verlassen wir Java und mit einem traurigen Gefühl müssen wir uns dann von Royen und Mister Tonno verabschieden. Es war so lustig mit den beiden und auch Romy wird der Abschied schwer fallen. Sie hat in Royen wirklich einen Freund gefunden. Kleidung, Schuhe, Schmuck, wir wundern uns, dass wirklich alles in diesem Einkaufszentrum in Billig- und Teuervariante zu kaufen ist. Wir finden im Spielzeugladen ein UNO-Kartenspiel. Royen beherrscht das Spiel bereits sehr gut, obwohl Romy immer noch meistens gewinnt. Er kann das Kartenspiel jetzt mit seinen Söhnen spielen. Good luck Royen!

Es ist Zeit für einen Kaffee. Zwischen den zahlreichen Shops finden wir tatsächlich ein Starbucks. Der amerikanische Kaffeekonzern hat sich inzwischen weltweit etabliert und auch in der Studentenstadt Yogya eine Filiale eröffnet. Und ehrlich ist ehrlich, der Kaffee schmeckt starbuckerisch, also hervorragend. Romy hört im Auto oft ihre K3 Musik und singt dabei fröhlich mit. Royen möchte jetzt mal wissen, wer K3 eigentlich ist. Ich hole meinen Laptop, stecke eine DVD hinein und beim Cappuccino mit Schokolade-Muffin zeigt Romy ein Konzert der belgischen Mädchengruppe. Royen ist, sowie hunderttausende holländische und belgische Kinder, von den Mädels beeindruckt!

Wieder gestärkt, besuchen wir eine kleine Silberfabrik. Der Rohstoff Silber wird mit Kupfer vermischt, warm gemacht und zu Souvenirs, Besteck oder Schmuck verarbeitet. Wenn die Silberstücke fertig sind, werden sie zuerst im heißen Wasser gekocht und dann poliert. Dafür wird eine Frucht benützt, wovon mir der Name nicht mehr einfällt. Am Ende der Rundführung folgt, natürlich total „unerwartet", der riesige Einkaufsladen, wo Romy sich einen Kinderring mit dem Buchstaben „R" aussucht. Ich stehe mehr auf Gold, außerdem finde ich, dass man Goldschmuck geschenkt bekommen soll.

Kurz vor dem Abendessen wandern wir ein Stück durch die Strassen Yogyas. Der Kontrast mit dem Landesinneren ist enorm. Es war dort sehr ruhig, hier in Yogyakarta sind zahlreiche Menschen entlang der Straße unterwegs, laut hupende Autos und qualmende Skooters drängeln sich auf der Straße und dazwischen der Geruch von gegrilltem Satey, was in kleinen Buden entlang der

Straße frisch gekocht und verkauft wird. Zehn Tage haben wir die indonesische Kost ausgehalten, jetzt ist es Zeit für was „Deftigeres"! Wir nehmen vom Hotel einen Becak, ein Rad wo vorne auf einer Bank zwei Personen sitzen können. Der Fahrer radelt uns um Euro 0,50 durch die Stadt und wir werden 15 Minuten später bei McDonalds vor der Türe abgeliefert. Da zahlen wir Euro 3,00 und bekommen ein Happy Meal und ein Nugget-Menü. Die Indonesier verzehren ihren Hamburger eher mit Reis statt Pommes. Nach dem köstlichen Gourmet-Essen fahren wir mit dem Becak um Euro 0,50 auch wieder zum Hotel zurück. Manchmal gibt es nichts Schöneres.

Unsere Baumhütte

Beim kleinen Flughafen von Yogyakarta verabschieden wir uns herzlich von Royen und Mister Tonno und bedanken uns mit Trinkgeld und Geschenken bei ihnen. Ganz bewusst breche ich hier die Java-Reise ab. Die touristische Sehenswürdigkeit im östlichen Teil der Insel, den Vulkan Bromo, will ich nicht besuchen. Es ist sicherlich schon 20 Jahre her, aber während einer Marokko-Rundreise habe ich den Berg Toubkal, mit 4.167 Meter Höhe ein stattliches Ziel, bestiegen und am Gipfel einen Mann namens Peter kennen gelernt. Peter erzählte, dass er ein Jahr zuvor mit seinem Freund den Vulkan Bromo bestiegen hat. Oben auf dem Kraterrand ist der Freund ganz blöd gestolpert und im Krater verschwunden, Kopf voran! Peter hat seinen Freund nie wieder gesehen. Diese Geschichte hat mich damals oben am Gipfel des Toubkals erschüttert. Inzwischen besitze ich einiges an Kinder-Know-How, und weiß, dass Kinder auch öfters stolpern. Ich suche mit Romy lieber einen sicheren „Kinderspielplatz" auf.

Also verlassen wir heute Java und fliegen mit einer Boeing 737 von Garuda Indonesia in einer Stunde nach Denpasar auf Bali. Die Landebahn fängt mit den Anflugmarkierungen schon im Meer an, wodurch es ausschaut, als ob wir im Meer landen würden. Natürlich parkt der Pilot das Flugzeug haargenau auf der Landebahn und nicht im Meer. Nach der Gepäckausgabe werden wir wieder von Harris und dieses Mal auch vom Manager des Reisebüros; Paul recht herzlich mit einer Blumenkette und einem Obstkorb begrüßt. Auch lernen wir unseren neuen Chauffeur Madi und unseren Reiseleiter Agas kennen und mit den beiden fahren wir zu den Agung Raka Bungalows in Ubud, unsere erste Übernachtungsadresse auf Bali. Und, obwohl Agas sich sehr bemüht, wird es ihm in den nächsten Wochen mit größter Wahrscheinlichkeit nicht gelingen, Royen zu übertreffen. Er hat einen unehrlichen Streit angefangen und von vorne herein schon verloren...

Laut Internet-Fotos werden wir vier Nächte in einem Luxusbungalow wohnen, aber wir beziehen eine armselige Baumhütte, so schaut es im ersten Live-Moment in jedem Fall aus. Das Resort besteht aus verschiedenen Bungalows, wovon wir einen zugewiesen bekommen. Im Erdgeschoss befindet sich das offene Badezimmer. Wenn du dich in der Badewanne hinlegst, schaust du direkt auf den indonesischen Sternenhimmel, nur schade, dass im Nachbarhaus die Bauarbeiter auf dem Dach arbeiten....

Das Wohnzimmer ist auf einem Podest gebaut, große Polster laden zum Relaxen ein und hier wird in der Früh unser Frühstück serviert. Im Obergeschoss befinden sich das Schlafzimmer mit Himmelbett und eine kleine Veranda. Das Zimmer ist aus Bambus gemacht, die Fenster offen, eben ohne Glas und können mit einer Bambus-Schiebetüre zugemacht werden. Ich habe vor zehn Jahren mal in Thailand in einer Baumhütte geschlafen, oder besser gesagt nicht geschlafen. Und diese schreckliche

Erfahrung von damals sollte ich jetzt mit Romy wieder erleben?

Wir wandern die Straße entlang in Richtung Zentrum von Ubud. Besonders auffallend sind die zigtausend Opfergaben auf dem Gehsteig und bei den vielen geschmückten Tempeln. Obwohl der Islam die Hauptreligion Indonesiens ist, glauben die Balinesen fest an den Hinduismus. Den höchsten Dreiergott Brahma, Wishnu und Shiva findest du wirklich an jeder Straßenecke. Brahma steht für die Geburt und steht immer ganz rechts abgebildet. Wishnu ist der Beschützer und Lebensspender und ist immer an der linken Seite abgebildet. Shiva ist in der Mitte und steht für den Tod.

Eine andere Figur, die wir immer wieder antreffen, ist Ganesha. Dieser Gott hat einen dicken Bauch, einen Elefantenkopf und ist der Gott des Reisens, der Familie und des Besitzes. Die Balinesen bringen täglich Opfergaben an Ganesha dar und bitten um Glück, Gesundheit und Erfolg. Und weil man die Opfergaben nicht wegwerfen darf, stolperst du hier wortwörtlich über die kleinen Opferschüsseln, gemacht aus einem Bananenbaumblatt mit Reis, Blumen und Weihrauch drinnen.

Noch auffälliger sind die unzähligen Holzschnitzer-Shops und jedes dritte Haus ist eine Verkaufsgalerie. Es ist offensichtlich, dass wir im kulturellen Zentrum Balis gelandet sind. Hinter der kommerziellen Fassade verbirgt sich allerdings das noch nicht vom Tourismus geprägte Dorfleben Ubuds.

Zurück in unserer Baumhütte stelle ich nach einer gründlichen Inspektion fest, dass die Hütte eigentlich gar nicht so schlecht aussieht und Romy gefällt es hier eigentlich sehr gut. Wir hängen sicherheitshalber noch ein extra Moskitonetz auf, doppelt hält besser, und trauen uns sogar in der Nacht die Bambusfenster offen zu lassen, damit noch etwas Frischluft in den „Backofen" hinein kommt.

Als wir im Bett liegen, hören wir uns die verschiedenen Geräusche der Nacht an. Ein blaffender Gecko „meldet", dass er sich in unserem Kleiderschrank einquartiert hat. Passt schon, gute Nacht Geckolein!

Komodo Warane

Bevor ich aus dem Bett steige, schaue ich erst mal auf den Boden um nach zu sehen wie viele Tiere in der Nacht neben uns geschlafen haben. Aber ich kann nur 3 verirrte Ameisen finden. Ich liebe unsere Baumhütte immer mehr. Wir haben gestern Abend unsere Wünsche für das Frühstück bei der Rezeption hinterlassen und pünktlich um 8 Uhr werden die Köstlichkeiten in unserem Wohnzimmer serviert. Wir genießen den Toast mit Käse und Marmelade, frische Früchte, Mangosaft, gekochte Eier, Kaffee und Milch, am großen Tisch des Wohnzimmers am Boden sitzend.

Romy möchte in Indonesien unbedingt Komodo Warane sehen und im Bali Bird Park haben wir jetzt die Gelegenheit dazu. Wir halten entlang der Straße ein Taxi an, verhandeln über den Preis und fahren in 20 Minuten zum Park. Es ist heute warm, mörderisch warm. Bewaffnet mit Sonnenschutz Faktor 50 und zwei großen Wasserflaschen wandern wir durch den Park. Dieser ist, wie der Ancol Park in Jakarta, in verschiedene indonesische Provinzen aufgeteilt und beherbergt einheimische Vogelarten wie Kakadu, Papagei und verschiedene Hornbill Vögel. Was direkt auffällt, ist der blitzblank geputzte Park, der frisch gemähte Rasen und die Käfige, die vor nicht all zu langer Zeit weiß gestrichen worden sind. Mit einem Eintrittspreis von IRP 600.000, also reichliche Euro 45,00 darf auch was gemacht werden! Das

Leben auf Java war bis jetzt echt günstig. Hier auf Bali haben wir in einem Tag schon fast soviel Geld ausgegeben, wie in einer Woche auf Java. Willkommen im Urlaubsparadies der Japaner, Neuseeländer und Australier!

Wir schauen uns eine Vogelshow mit Kakadus, Enten, Falken und weißen Ibissen an. Und schließlich sehen wir zwei Komodo Warane. Der Komodo Waran ist eine Echse in der Familie der Warane. Er ist mit maximal drei Metern Länge die größte lebende Art der Echsen. Romy stellt jedoch fest, dass die Leguane am Strand von Pangandaran viel größer waren. Die Artbezeichnung bezieht sich auf das Vorkommen auf der zu Indonesien gehörenden Nachbarinsel Balis: Komodo. Ähnlich wie Giftschlangen und Krustenechsen besitzt der Waran Giftdrüsen.

Nach drei Stunden Park, entfliehen wir der Warme und relaxen am Nachmittag beim Schwimmbad und rund um unsere Baumhütte.

Das Restaurantangebot in Ubud ist enorm und man sollte gerade die kleinen und unbekannten Restaurants und Warungs ausprobieren. Grundsätzlich ist zu sagen, dass die Restaurantpreise in Ubud relativ hoch sind als sonst in Indonesien, sowie alles hier etwas teurer erscheint. Aber verstehe mich jetzt nicht falsch, die Preise liegen noch immer auf ungefähr 60 % der europäischen Preise.

Als wir in einem typisch indonesischen Restaurant, am Boden sitzend, das Abendessen genießen, hören wir in der Gegend die Musik des Gamelans. Irgendwo muss auch eine Tanzvorführung abgehalten werden. Wir finden es leider nicht, Schade!

Entlang Reisfelder

Wir sind mit Bagiada verabredet und fahren genau eine Stunde nach Pacung, in der Mitte von Bali gelegen, hoch auf den Hängen des Gunung Agung. Der Gunung Agung ist der heiligste Berg Balis mit 3.142 Meter und fast von jedem Punkt der Insel aus zu sehen. Wir werden in einer 3-stündigen Radtour den Vulkan hinunter radeln.

Bevor es losgeht, bekommen wir ein zweites Frühstück bei wunderschöner Aussicht über die Reisfelder. Wir bestellen einen Nescafé und gleich beim ersten Schluck schaut Bagiada mich verwundert an. „How is your coffee?" fragt er – ich nehme einen Schluck und kann diesen höflichkeitshalber noch im Mund behalten und mühsam runterschlucken – „Eh terrible, sorry!". Wir melden der Kellnerin, dass wahrscheinlich etwas mit dem Kaffee nicht stimmt. „Impossible" sagt sie, nimmt die Kaffeebecher trotzdem mit zur Küche. Nach einer Minute bekommen wir eine neue Tasse, aber das Personal fällt fast um vor Lachen. Bagiada fragt nach, was los sei. In der Küche stehen zwei Pfannen neben einander auf dem Herd. Die erste Pfanne ist gefüllt mit warmem Wasser, die zweite mit Bouillon für die Suppe. Es wird dir jetzt wohl klar sein, dass das Kaffeepulver nicht mit dem Wasser angerührt wurde……….

Mit einem neuen Kaffee „gestärkt" beginnen wir unsere Radtour. Romy sitzt ganz gemütlich in einem Kindersitz hinten auf meinem Rad und es gefällt ihr dort richtig gut. Mir gefällt es vorne auch gut, weil wir immer den Berg hinunter radeln, es geht also quasi von selbst. Bagiada übernimmt mit seinem Rad die Führung. Die Natur abseits der Hauptstraßen ist wunderschön, die Bevölkerung winkt uns freundlich zu, Kinder rennen ein Stück mit uns mit, die Ähren der Reishalme tanzen rhythmisch mit dem Wind und die Durian-Bäume stinken fürchterlich! Eine besondere Spezialität Indonesiens ist die Stinkfrucht, auch Durian genannt. Die mindestens fußballgroßen ovalen Früchte mit stacheliger Schale wachsen in diesem Gebiet zahlreich und zeichnen sich durch einen richtig abartigen Geruch aus. In vielen Hotels siehst du Aufkleber auf den Eingangstüren: Hunde und Durians nicht erlaubt! Trotzdem wird die Frucht von vielen Einheimischen sehr geschätzt, vielleicht durch das indonesische Sprichwort: „Wenn die Durians unten sind, gehen die Sarongs hoch."

So hoch im Gebirge, wir sind auf etwa 1.700 Meter Höhe, herrscht eine angenehme Temperatur und durch das Radeln bekommen wir etwas Frischwind ins Gesicht. Bei einem traditionellen balinesischen Haus halten wir zum ersten Mal für eine kurze Besichtigung an. Im Garten wachsen Kakao-Bäume und die Früchte, die zahlreich an den Ästen hängen, sind fast reif. Die ovalen Früchte werden gepflückt, geöffnet und innen befinden sich mehrere braune Kerne, welche in der Sonne getrocknet werden. Wenn die Kerne getrocknet sind, werden sie pulverisiert - nur noch etwas Milch dazu geben, umrühren und fertig ist die Schokoladenmilch!

Wir radeln weiter, genießen die Pracht der Natur, passieren fröhlich geschmückte Tempel, rasten im Reisfeld in einer Scheune und wandern einen Weg hinunter bis zum Flussbett. Dieser Platz ist wirklich traumhaft schön: eine dichte subtropische Vegetation und kein Mensch zu sehen. Das Wasser fließt sauber den Berg hinunter und wir bedauern es sehr, dass wir die Badesachen nicht eingepackt haben. Das Wasser schaut nämlich sehr verlockend aus. Romy spielt eine Weile mit ihrem Playmobil-Pferd am Wasserrand und ich genieße, sitzend am Ufer, diese grüne Ruheoase.

Es geht wieder weiter mit dem stählernen Ross und es wird zum ersten Mal anstrengend; es geht bergauf! Wir passieren Reisfelder, sehen wie die Menschen den Reis ernten und bewundern einen gigantischen Banyan Baum. Dieser bengalische Feigenbaum erreicht von allen Bäumen der Erde die größte Ausdehnung. Er wird etwa 30 Meter hoch und bringt Luftwurzeln hervor, die von den Ästen abwärts wachsen und sich in den Boden graben. Der Banyan ist der Mittelpunkt jedes balinesischen Dorfes. Auch kleine Hindutempel sind überall zu sehen. Sehr interessant zu wissen ist, dass auf Java 80 % der Bevölkerung Moslems sind und hier auf Bali fast 75 % Hindu. Gegen Ende der Tour müssen wir leider einige kurze Passagen auf der stark befahrenen Hauptstraße zurücklegen, aber das Ende macht alles wieder gut. Die letzten 10 Minuten fahren wir über einen schmalen, aber wunderschönen Waldpfad bis zum Haus von Bagiada. Kein Wellblech-Häuschen sondern eine Luxus-Villa! Er war 10 Jahre auf einem Cruiseschiff und hat sich ein

Luxusleben erarbeitet. Das „Geschäft" mit dem Radfahren ist jetzt sein größtes Hobby. Seine Frau hat ein köstliches Mittagessen vorbereitet mit Reis, Karotten und Bohnen, Nudeln, Hühnerfleisch, Thunfisch, Satey und frischem Obst. Das haben wir uns auch wirklich verdient!!!!

Morgen starten wir mit der Bali Rundreise und wir genießen den letzten Ruhetag. Der beginnt sehr gemütlich mit einem späten Frühstück in unserem Wohnzimmer. Der Himmel ist bedeckt, es hat in der Nacht stark geregnet und es ist bereits drückend warm. Wir entscheiden uns für das Schwimmbad. Romy entwickelt sich so langsam zu einer guten Schwimmerin und auch das Schnorcheln hat sie jetzt im Griff.

Die Hauptattraktion in Ubud ist natürlich Monkey Forrest. Im heiligen Wald, direkt neben der Hauptstraße von Ubud, leben 300 Langschwanz Makaken. Affen sind für die Einwohner von Bali sehr wichtig und du findest die Tiere in Holzschnitzereien und Bildern, aber auch im berühmten Kecak Tanz wird dieses Tier ausgedrückt. Die 300 Affen aus Monkey Forrest haben sich in 3 Gruppen aufgeteilt und leben im gleichen kleinen Wald. Dies führt natürlich immer wieder zu Streitereien zwischen den Gruppen. Außerdem werden die vielen Affen von vielen Menschen mit vielen Bananen gefüttert, was sie natürlich sehr sehr frech macht – geht gar nicht anders! Nachdem ein Männchen unsere Wasserflasche aus meinen Händen erbeutet, hat Romy genug von den vielen Affen! Nichts wie weg!!!!

Zurück in der Baumhütte begrüßen wir unser Haustier. Der Gecko, auch aus der Familie der Echsen, ist ein Nachttier, das durch Haftpolster an den Füßen, ausgezeichnet klettern kann. Ein Exemplar hat sich in unserem Kleiderschrank einquartiert und immer wenn wir gerade im Bett liegen, macht er sich mit einem „Gecko", eine Technik der Stimmäußerung, bemerkbar. Romy liebt dieses Tier, ohne es jemals gesehen zu haben. Wieder macht sie sich auf die Suche nach dem Gecko und findet es auch dieses Mal nicht, obwohl es sehr nah sein muss.

2010 | Hafen Jakarta | Bambus-Floßfahrt

Bei den Sunda | Mit Royen am Kraterrand Sikidang

Im Reisfeld | Borobudur

Gentlemen Mr Tonno | Unsere Baumhütte

Höhle, Halle und Höhle

Wir werden von Agas und Madi abgeholt und starten die Bali Rundreise in östlicher Richtung. Tempel Nummer eins ist die Elefantenhöhle Goa Gajah. Diese Höhle ist eines der ältesten Monumente Balis und wurde erst 1923 wiederentdeckt. Die Höhle befindet sich in einem riesigen Felsblock und diente wahrscheinlich im 11. Jahrhundert buddhistischen oder hinduistischen Mönchen als Einsiedelei. Heute ist die Höhle für eine Zeremonie wunderschön geschmückt. Die Tempelfeste auf Bali sind wohl die farbenprächtigsten überhaupt. Der Tempel wird hauptsächlich mit weißen und gelben Schirmen, Fahnen und Stoffbahnen, sowie riesigen Mengen von Opfergaben geschmückt. Die Frauen tragen die Schmuckstücke auf ihren Köpfen in den Tempel, um sie hier vom Priester segnen zu lassen. Die Herstellung der kunstvollen Opfergabentürme obliegt den Frauen, die die komplizierten Flecht-, Steck- und Backtechniken beherrschen. Die Termine der Zeremonien werden nach der balinesischen Zeit- und Kalendereinteilung festgelegt – bevorzugt werden Vollmondnächte.

Heute wird der Unterschied zwischen Royen und Agas ganz deutlich. Da wo Royen die Informationen kindergerecht verabreicht hat, überwältigt Agas uns mit Details, die nicht mal ich mir merken kann. Agas ist ein neuer Reiseführer und muss einfach für TRAVELKID Reisen noch eingearbeitet werden.

Auf dem Weg zur Fledermaushöhle, Sehenswürdigkeit Nummer zwei, besuchen wir in Klungkung kurz die alte Gerichtshalle Kerta Gosah. Besonders das Dachgewölbe, welches komplett bemalt ist, ist sehr sehenswert.

Die Fledermaushöhle Goa Lawah, kurz vor Candi Dasa, ist den Balinesen heilig und um die Fledermäuse zu ehren, hat man am Höhleneingang einen kleinen Tempel errichtet. Wer von außen einen Tempel betritt, begibt sich meistens erst durch ein *Candi Bentar,* so heißt das typische gespaltene Tor. Links und rechts bewachen Wächter-Dämonen den Eingang um Böses abzuwenden. Normalerweise besteht ein Tempel aus drei hintereinander liegenden Höfen, die jeweils von einer Mauer umgeben sind. Der dritte Hof ist der heiligste, der der dreifachen Gottheit Brahma, Shiva und Wishnu geweiht ist.

Der eigenartige, süßliche Geruch der zentimeterdick auf dem Boden liegenden Fledermaus-Fäkalien verrät, wo sich die heiligen Tiere befinden. Soweit das Auge im Halbdunkel sehen kann, hängt die ganze Höhlendecke voller Fledermäuse.

Das Endziel des ersten Tages ist Candi Dasa - Mitte der 80er Jahre noch als Geheimtipp erwähnt. Leider wurde das vorgelagerte Korallenriff durch die Bewohner abgebaut und die gewonnenen Korallen zu Kalk gebrannt, bis die indonesische Regierung den Abbau untersagte. Wie sich herausstellte leider zu spät, weil das Meer den losen Sandboden abtragen konnte. Weder bei Flut noch bei Ebbe kann man hier von Strand reden. Und weil Touristen einen Strand bevorzugen, fliehen sie eher nach Sanur oder Lovina und Candi Dasa wird langsam zu einer Geisterstadt.

Durch Reisfelder

Für unsere heutige Wanderung durch die Reisfelder haben wir die Bergschuhe mal ausgepackt, damit die nicht völlig umsonst mitgekommen sind. Unser Reise-Know-How Reiseführer berichtet nämlich, dass sich Schlangen, Skorpione und anderes Ungeziefer gerne im Reisfeld aufhalten. Als Agas uns mit Flip Flops an seinen Füßen abholt, schauen unsere Bergschuhe sicherlich etwas übertrieben aus. Trotzdem behalten wir die Bergschuhe lieber an.

Wir starten die Wanderung und folgen zahlreichen kleinen Häuschen den Waldrand entlang. Dieses Mal wieder kein Wellblech. Die Häuser sind aus Stein und haben sogar echte Fenster mit Glas. Der Eingang ist kunstvoll mit Holzschnitzereien verziert und aufgemotzt. Die Hühner streunen im Garten umher, auf der Suche nach etwas Essbarem. Frauen arbeiten fleißig rund um das Haus und Männer hacken Holz oder zerkleinern die riesigen Palmblätter. Dann sehen wir vor uns sicherlich 10 Quadratkilometer *Sawahs*, welche wir kreuz und quer durchwandern werden. Wir bleiben kurz stehen und bewundern die fantastische Aussicht. Da wo die Reishalme auf Java noch relativ grün aussahen, färbt sich der Reis auf Bali schon langsam gelb bis gold, was bedeutet, dass der Reis bald geerntet werden kann.

Wir verfolgen die schmalen Pfade durch die Reisfelder und nach 10 Minuten hält Agas plötzlich an. Wir stehen auf einem Deich, zirka 50 cm höher als der Boden und genau da unten bewegt sich eine Schlange. Mit dem Buch „Was kriecht und krabbelt in den Tropen" (Verlag: Reise-Know-How) habe ich Romy intensiv auf unsere Reise vorbereitet, damit es bei den Tieren keine bösen Überraschungen gibt. Denn was machst du instinktiv, wenn du eine Schlange siehst? Genau! WEGRENNEN!!! Und somit hat die Schlange dich als Beute wahrgenommen und auch schon längst zugeschnappt. Ganz still stehen bleiben ist das Zauberwort - Romy bleibt tatsächlich bewegungslos stehen und staunt wortlos auf das Tier hinunter. Sie hätte nie geglaubt, wirklich eine Schlange zu sehen. Ich frage Romy ganz vorsichtig, ob sie vielleicht Angst vor der Schlange hat, worauf sie antwortet: „Ich? Nein, ich habe ja Bergschuhe an!!"

Wir treffen auf eine Familie, die gerade den fertigen Reis erntet. Die Frauen sind mit langärmligem Pullover und langer Hose bekleidet, dafür die Füße dann Schuhlos. Am Kopf den bekannten Dreieck-Reisfeld-Hut aus Bambus. Der Reis wird mit einem kleinen Rundmesser, dem *Ani-Ani* abgeschnitten und in kleineren Bündeln auf ein Brett geschlagen, damit der Reis auf die sorgfältig hingelegte blaue Bauplastikfolie hinunter fallen kann. Wir dürfen der Familie dabei helfen und lernen, dass die Reissamen zuerst in kleineren Feldern ausgesetzt werden. Die Felder werden mit Wasser überflutet und sobald die Reispflanzen 20 Zentimeter hoch sind, werden die Pflanzen ausgebettet und in kleineren Gruppen in

Reihen gepflanzt. Die Reisfelder werden bis ca. 1 Monat vor der Ernte ständig überflutet. Danach soll das Wasser verdampfen und sobald das Reisfeld trocken ist, wird der Reis geerntet. 90 % der balinesischen Bevölkerung arbeiten in der Landwirtschaft. Hauptsächlich baut man Reis an, der, aufgrund hervorragender Bodenqualität bis zu dreimal pro Jahr geerntet werden kann. Die Balinesen haben eines der effektivsten Reisanbausysteme der Welt entwickelt, und selbst Experten sind sich einig, dass moderne Produktionsmittel keine Ertragsverbesserung bewirken würden.

Dankbar hinterlassen wir eine Flasche Wasser bei dieser netten Familie und die Wanderung führt weiter - vorbei an Blumenfeldern und Bananenplantagen, Agas erklärt das interessante Bewässerungssystem der Reisfelder, die kleine Scheune, wo sich 100.000 Fliegen aufhalten, bietet den Arbeitern ein wenig Schatten. Warm ist es drinnen aber trotzdem.

Ganz am Ende der 2-stündigen Wanderung entdecken wir noch mal eine Schlange. Während ich versuche sie zu fotografieren, haben die roten Ameisen, die am Boden herumgekrochen sind, Romy schon erbeutet und sind sehr bissig! Das Foto der Schlange haben wir, wie in Bogor, wieder nicht machen können. Und die Ameisen? Die haben wir bis in Romys Unterhose gefunden!

Madi wartet am anderen Ende der Reisfelder mit dem kleinen Bus am Straßenrand und verwöhnt uns mit einem Erfrischungstuch und kaltem Wasser. Auch hier auf Bali ist der „on board Service" erstklassig! Romy hat ihren Autositz am Boden des Minibusses platziert und sitzt also meistens „am Boden". Egal, sie fühlt sich dort sehr wohl. In der heutigen schnelllebigen westlichen Gesellschaft sind wir sehr auf Sicherheit bedacht, wir vergessen dabei manchmal, dass frühere Generationen auch ohne Helme, Sicherheitsgurte und Kindersitze im Auto überlebt haben. Davon bin ich ein gutes Beispiel.

Die Sehenswürdigkeit Candi Dasas ist der Tirtagangga Wasserpalast. Der letzte Raja von Amlapura baute 1947 eine riesige Wasseranlage bestehend aus großen Wasserbecken, Springbrunnen, eigenartigen Figuren und Fabelwesen. Gespeist werden die Becken von klarem, natürlich heiligem Bergwasser.

Das Puri Bagus Candi Dasa Hotel ist eine tolle Anlage mit großem Schwimmbad, gemütlichem Restaurant mit herrlichem Essen und natürlich direkt am Meer. Die Zimmer sind in kleineren Bungalows untergebracht, wobei sich das Badezimmer draußen in einem kleinen Innenhof befindet. Natürlich complimentary Wasser auf dem Tisch, ein Wasserkocher für einen Tee oder Kaffee, auch complimentary, und Blumen. Überall sind Frangipani Blumen dekoriert - auf den Couchpolstern, zwischen den Handtüchern, auf dem Bett, jede Blume ist ganz liebevoll und mit äußerster Präzision hingelegt worden. Und als ob das noch nicht genug wäre, hat das Personal auch noch eine Opfergabe mit Weihrauch, Blumenblättern und Reis vor unsere Türe hingelegt.

Romy findet ihre, von der Teeplantage aus Wonosobo mitgenommene Teeblätter im Rucksack wieder. Die Blätter sind inzwischen total schwarz geworden und getrocknet. Wir schneiden die Blätter ganz klein, vermischen sie mit einem halben Teebeutel aus der Minibar und machen Tee daraus. Auf unserer Veranda, mit Aussicht auf das Meer, schmeckt der selbstgemachte Tee meisterhaft!

Das Schwimmbad und Hotelrestaurant sind nach der anstrengenden Wanderung „the right place to be." Romy hat Hunger bekommen und möchte einen Schinken-Käse-Toast. Am Flughafen von Yogyakarta entdeckten wir, dass *roti pangang* die indonesische Bezeichnung dafür ist. Hier im Restaurant hat der Kellner jedoch noch nie von *roti pangang* gehört. Es kostet einiges an Hand- und Fußarbeit, bis wir drauf kommen, dass wir auf Bali *jaffle (sprich djeppel)* bestellen müssen.

Charakteristisch für indonesische Gerichte sind Bestandteile wie Sojasprossen, Kokosfleisch, Kokosmilch, Chili, Ingwer und Erdnüsse. Gemüse und Fleisch werden häufig im Saft von ausgepresstem *santen* – Kokosfleisch – gekocht und bekommen dadurch einen ganz unverkennbaren Geschmack. Der größte Anteil des Gerichtes besteht immer aus Reis. Reis gekocht, gebraten, gebacken schwarzer Reis, weißer Reis, süß, scharf, salzig, sauer, in Bambusrohren geröstet, in Bananen- oder Palmblättern gekocht, alle Möglichkeiten wirst du in der indonesischen Küche finden!

In ländlichen Gegenden wird das Essen noch häufig auf Bananenblättern serviert und mit den Fingern gegessen. Dazu benutzt man ausschließlich die rechte Hand, mit der linken reinigt man sich auf der Toilette – na dann: Mahlzeit!

Schnorcheln

Mit einem traditionellen Boot – Jukung genannt - fahren wir heute auf das offene Meer hinaus. Das Boot ist 8 Meter lang und nicht mal 1 Meter breit. Rechts und links an jeder Seite eine Art Stütze, mittels Balken an dem Jukung verbunden, damit es nicht kentert. Der Himmel ist knallblau, sowie das Wasser. Die aufspritzenden Tropfen des Meereswassers sind zwar warm, aber durch die kühle Brise fühlen sie sich auf der Haut sehr kalt an. Wir bedecken unseren Körper mit den Handtüchern und genießen die Fahrt. Heute werden wir zum ersten Mal im offenen Meer Schnorcheln. Obwohl Romy einen Schnorchelkurs absolviert hat und ich stundenlang in den verschiedenen Schwimmbädern mit ihr geübt habe, hat sie große Angst vor den Wellen. Wahrscheinlich auch vor den Fischen, obwohl sie es nicht sagt. Damit sie ihre Angst überwinden kann, versuchen wir vom Strand aus in Etappen zum Schnorcheln zu kommen. Leider hilft die Tide uns nicht wirklich: es wird Flut, die Wellen werden höher und die Strömung stärker. Zuerst schwimmen wir nur mit den Flossen und beim dritten Versuch gelingt es uns 1 Minute mit Taucherbrille und Schnorchel unter Wasser zu schauen. Weil die Etappen immer nur 5 Minuten dauern, ist 1 Minute für Romy schon ein riesiger Schritt. Am Ende gelingt es uns bereits 5 Minuten zu Schnorcheln, wobei wir nur ein ärmliches Korallenriff zu sehen bekommen mit zwei blauen und vier gestreiften

Fischen. Das ultimative Schnorchel-Paradies Bali! Wir werden es später im Norden Balis noch mal versuchen.

Während Rundreisen lernt man immer wieder interessante Menschen kennen. So haben wir ein Ehepaar aus Neuseeland kennen gelernt. Diese fanatischen Bergsteiger haben in ihrem Urlaub schon sieben Vulkane bestiegen. Oder ein holländisches Ehepaar - er wurde von seinem Arbeitgeber für 1 Jahr nach Taiwan geschickt. Im Januar dürfen die beiden wieder nach Holland zurückkehren, aber seine Frau hat eine so tolle Arbeit gefunden, dass sie noch 6 Monate länger bleibt. Und jetzt beim Mittagessen lernen wir ein deutsches Ehepaar kennen, die seit der Pensionierung 6 Monate im Jahr in Australien wohnen und jetzt auf dem Weg dorthin, Urlaub auf Bali machen. Auch Romy und ich sind, wenn ich es mal sagen darf, eine interessante Erscheinung. Zuerst natürlich Frau mit Kind alleine unterwegs, aber am meisten werden wir darauf angesprochen, warum ich holländisch rede und Romy deutsch. Unsere Geheimsprache!

Agung Batur

Das gesamte Gepäck haben wir wieder eingepackt und es geht zur nächsten Destination: Lovina Beach im Norden der Insel. Agas und Madi holen uns wieder ab, dieses Mal klebt bei beiden etwas Reis vorne auf der Stirn. Hier auf Bali sehen wir das öfters, eine Art Opfergabe. Unterwegs besuchen wir Tenganan, eines der Dörfer der Ureinwohner Balis. Dieses Dorf unterscheidet sich stark von anderen Ansiedlungen. Es gibt zwei parallel verlaufende Hauptstraßen und auf beiden Seiten befinden sich Wohnhäuser, umgeben von Mauern. Unser Führer lässt uns trotzdem hinter die Mauer schauen, indem er uns in sein Haus einlädt – das ist natürlich verdächtig! Und tatsächlich, die handbemalten Bambuskalender, schönen handgewebten Schals und Sarongs, sowie Bilder aus Bananenblättern werden präsentiert und ausgestellt. Er zeigt uns, wie der Kalender gemacht wird und malt ein persönliches Exemplar für Romy, mit ihrem Namen versehen. Und somit hat er schon wieder IRP 20.000 verdient!!

Etwa 80 Familien leben hier, die Männer sind gerade in der Arbeit, die Kinder in der Schule und was noch da ist, sind Frauen und Kleinkinder. Romy hat vor dem Urlaub ihr Zimmer ausgemistet und einiges an Spielzeug mitgenommen. Die kleinsten Kinder bekommen ein sorgfältig von ihr ausgesuchtes Kuscheltier geschenkt. Sie weiß wie wichtig es ist, ein Kuscheltier zu haben. Romy und Hundy sind auch unzertrennlich. Die größeren Kinder bekommen einen Kugelschreiber.

Wir wandern am örtlichen Tempel vorbei, wo sich eine Henne im Opfergabenhäuschen versteckt hat. Es bleibt wohl immer ein Rätsel, wie sie da hinein gekommen ist. Sicher ist, dass es ihr dort gut gefallen hat, weil sie spontan ein Ei „opfert"!?! Direkt neben dem gigantischen Banyan-Baum befindet sich der *kulkul*, ein Turm mit einer Alarmglocke. Die Alarmglocke besteht aus aufgehängten und ausgehöhlten Baumstämmen, auf die geschlagen wird. Die Anzahl der Schläge verrät ob eine Feier anfängt, ein Feuer das Dorf bedroht oder zum Beispiel ein Mord oder Viehdiebstahl passiert ist. Wir verabschieden uns vom Führer und steigen wieder in das Auto.

Während der Weiterfahrt Richtung Norden folgen wir einem schmalen Bergweg ins Landesinnere. Auch hier auf Bali sind die Straßen wieder sehr gut befahrbar, die Menschen wandern gemütlich am Seitenstreifen entlang, dazwischen Hühner, Katzen, Hunde und Skooters. Besonders im zentralen Hochland gibt es eine große Menge Tabak- und Kaffeefelder. Kaffee gehört zu den landwirtschaftlichen Hauptexportgütern der Insel. Bali wird treffenderweise als Insel der 1000 Tempel bezeichnet. Allerdings besitzt die Insel in Wirklichkeit über 20.000 Exemplare. Wohin du auch gehst, immer kommst du an einem Tempel vorbei. So stehen die heiligen Plätze in Gärten, Friedhöfen und in Reisfeldern, am Strand, in

Höhlen, Wäldern, auf Berggipfeln, einfach überall! Die kleinen Tempel sind Orte der Ruhe und Zufriedenheit.

Wir wollten das wichtigste Heiligtum von Bali: den Pura Besakih, welcher 'Mutter der Tempel' genannt wird, anschauen, aber es ist zu weit, denn der heutige Tag wird von einem Monsunregenschauer bestimmt. Stattdessen halten wir beim Restaurant, mit Aussicht auf den Batur Vulkan und den Batur See, an. Der Agung Batur ist ein Vulkan der nach hunderten Jahren „Ruhen" im Jahr 1963 wieder zum Ausbruch kam. Seitdem spuckt er mit Zwischenpausen von 5 bis 6 Jahren. Die Spuren des letzten Vulkanausbruchs in 2000 sind noch gut ersichtlich und mit dem schwarzen Himmel oberhalb des Kraters, bleibt uns ein einmaliger sensationeller Eindruck. Seit diesem Vulkanausbruch, darf man diesen Berg übrigens nur noch mit einem Führer besteigen. Im Jahr 2000 hat eine Frau die Ratschläge der einheimischen Bevölkerung missachtet und ist trotz Warnungen zum Gipfel aufgestiegen. Ob sie den Gipfel jemals erreicht hat, ist nicht bekannt. Sie ist jedenfalls nach dem Ausbruch des Vulkans nicht zurückgekehrt.......

Das Mittagessen im Restaurant ist fabelhaft, ein Buffet mit sicherlich 50 verschiedenen Gerichten von Reis, Nudeln, Pommes bis hin zu Gemüse, Fleisch, Fisch und Obst, alles ist da und alles schmeckt hervorragend. Und so ungefähr alle Bus- und Reiseunternehmen auf Bali wissen, wie sie Touristen zufrieden stellen müssen. Von den 200 Sitzplätzen sind im Moment sicherlich 170 besetzt – big business!

Bevor wir Lovina erreichen, halten wir noch kurz beim Pura Beji, einem der wichtigsten *subak* Tempel im Norden von Bali, an. Ein p*ura* ist ein Tempel, der von der Reisanbaukooperative genutzt und erhalten wird. Der Tempel befindet sich mitten in den Reisfeldern und ist *Dewi Sri*, der Reis- und Fruchtbarkeitsgöttin geweiht. Laut der Dame am Eingang lassen wir für diesen Tempel etwas zu viel Haut sehen und bekommen einen Sarong umgehängt. Bis jetzt ist Romy immer von diesem Rock verschont geblieben und will den auch heute nicht tragen. Sorry Lady, das muss sein. Und während Agas versucht noch irgendwas Informatives über den Tempel zu erzählen, meckert Romy in meine Ohren, also nichts wie raus! Und raus aus dem Sarong.

Das Puri Bagus Lovina Beach Hotel gehört zur gleichen Gruppe wie das Puri Bagus Candi Dasa Hotel und besteht auch aus mehreren kleinen Bungalows. Das Badezimmer befindet sich dieses Mal ausnahmsweise drinnen, die Betten sind herrlich groß - wir können sie aber leider nicht zusammen schieben. Schade, weil ich jetzt auch das Doppelbett-Moskitonetz nicht über beide Betten gleichzeitig hängen kann. Natürlich hänge ich es über Romys Bett, ich werde es wohl ohne Netz überleben... Wir haben in Candi Dasa auch keine Moskitos gesehen, wird schon gut gehen.

Den Rest des Tages verbringen wir wieder beim Schwimmbad. Ich kann mich nicht erinnern, dass ich mal in einem Urlaub soviel geschwommen bin. Unser Bungalow liegt in der Nähe des Strandes und wir bummeln am späten Nachmittag am Wasser entlang, die Krebse kommen gerade aus ihrem Versteck: lies ein Loch im Sand, und wir versuchen sie zu fangen. Romy spielt barfuß im Wasser, ich genieße den Sonnenuntergang und mache sicherlich 40 Fotos von ihr. Langsam nähern wir uns dem Hotelrestaurant und ich bestelle ein kleines Tischbarbecue, wo ich drei Sorten Fleischspieße selbst am Tisch grillen kann – lustig! Romy schmeckt das Nasi Goreng, also gebackener Reis mit Fleisch und Gemüse, sehr gut und schleckert einen ganzen Teller weg.

Zurück im Zimmer schalte ich das Licht ein und sehe wie sich gerade eine große Ameise ins Badezimmer verdrückt. Keine normale Ameise, sondern ein Gerät von fast 2,5 Zentimeter Größe. Und rot war sie auch noch! Ich untersuche das Badezimmer etwas genauer und finde noch einige aggressive Typen. Bei der Inspizierung des Schlafzimmers stelle ich fest, dass es Viehchenfrei ist. Ein Handtuch vor der Verbindungstüre sollte dafür sorgen, dass die Viehchen im Badezimmer bleiben. „Komm Romy, schnell noch aufs Klo und dann ins Bett." Sie ist müde und schläft schnell ein. Ich möchte den zweiten Teil der Rundreise morgen auf der TRAVELKID Website platzieren und schreibe noch kurz den Reisebericht fertig. Dann bemerke ich, dass eine Ameise mir auf meinem Bett Gesellschaft leisten will. Ich wundere mich noch von wo sie herkommt und in dem Moment lässt sich auch Nummer 2 einfach von der Decke auf mein Bett fallen. Super! Und das Luder beißt auch noch. Ich räume meinen Laptop weg und entscheide mich für einen Bettentausch, ich werde mich bei Romy in ihrem 90

Zentimeter breiten – oder schmalen – Bett hinlegen. Als ich noch mal schnell auf die Toilette gehe, bemerke ich, dass Romy vorher nicht durchgespült hat. Sicherlich 100 von diesen großen bissigen Ameisen bedienen sich in der Kloschüssel köstlich von ihrem Urin – aahhhhhhh grausig! Jetzt lege ich mich sicherlich bei Romy ins Bett, mache natürlich kein Auge zu….

Dolphin watching

Um 5 Uhr geht der Wecker, also früh aufstehen, weil die Delphine – hoffentlich - auf uns warten! Ich fühle mich ziemlich gerädert, Romy hat nicht mal bemerkt, dass ich neben ihr gelegen bin und fühlt sich frisch und munter! Wir melden uns am Strand und warten auf das Motorboot. Erstaunlicherweise werden wir wieder von einem kleinen Jukung abgeholt und fahren auf das offene Meer hinaus. Ich kann nur hoffen, dass die Delphine nicht zu nah kommen und wir mit dem Boot nicht kentern. Vier andere Hotelgäste steigen auch ins Boot und gemeinsam nehmen wir Kurs in nordwestliche Richtung. Dann ist Geduld angesagt. Die Delphine haben den Wecker heute wohl nicht so früh gestellt, weil wir schon 1 Stunde vergeblich die Meeresoberflache absuchen. Inzwischen hat sich noch ein zweites Boot zu uns gesellt und gemeinsam suchen wir das spiegelglatte Meer nach dem bekannten gebogenen Dreieck ab – also der Rückenflosse des Delphins. Und dann geht alles sehr schnell - am Horizont tauchen die ersten Rückenflossen auf! Schnell fahren wir zum richtigen Fundort hin, gefolgt von Boot Nummer zwei, ein drittes Boot folgt uns in sehr großer Distanz. Fasziniert schauen wir den Delphinen zu – wir können eine Mutter mit ihrem Baby erkennen, einen sturen Kerl, der uns mit seinen Sprüngen beeindrucken will und folgen längere Zeit einer größeren Gruppe von sicherlich 50 Delphinen. Manchmal springt einer hoch aus dem Wasser hinaus oder schlägt einen Salto. Der

Anblick ist einfach fantastisch. Dann haben wir die Gruppe verloren, oder besser gesagt, die Delphine zeigen sich nicht mehr so oft. Wir schauen hinter uns und dann wissen wir, warum die Delphine verschwunden sind. Aus 3 Booten sind auf einmal 30 geworden. Wir waren doch sicherlich eine Stunde praktisch alleine auf dem Wasser. Keine Ahnung von wo die anderen Boote so schnell hergekommen sind, aber statt schauen ist jetzt jagen angesagt. So bald ein Delphin seine Rückenflosse zeigt, bbbbrrrrrrrrrrrrrm 30 Boote hinterher, schrecklich!! Ich bin dann auch sehr erleichtert, als der Bootsmann vorschlägt, wieder zum Hotel zurückzufahren.

Dort genießen wir erst mal vom ausgiebigen Frühstücksbuffet im gemütlichen Hotelrestaurant. Toast, gekochte Eier, frisches Obst, Cornflakes, Kaffee, wir lassen es uns gut schmecken und staunen noch weiter über dieses Erlebnis, einer Faszination der Tierwelt, und „live" einfach besser als jede Dokumentation auf National Geographic!

Wir sind wieder mit Agas und Madi verabredet und besuchen zuerst Brahma Village, ein buddhistisches Kloster. Die Anlage wird von drei Mönchen gewartet und hier, einer der wenigen Plätze Indonesiens, wird der Buddhismus noch unterrichtet. Dann fahren wir nach Banjar zu den heißen Quellen. Hier kann man in drei großen, im balinesischen Stil gebauten, Becken in schwefelhaltigem Wasser von zirka 36 °C baden. Die Quellen sind bei der Bevölkerung sehr begehrt und heute, Sonntag, bei den Balinesen ein beliebtes Familienausflugsziel.

Romy und ich sind die einzigen „Weißen", also die Attraktion! Ich fühle mich ziemlich beobachtet, auch weil ich natürlich in Bikini, statt in T-Shirt und langer Hose schwimme. Gerettet vom Monsunregen springen wir nach einer Stunde aus dem Wasser direkt unter die Dusche, versuchen den Schwefelgeruch abzuwaschen und ziehen uns wieder an. Vom warmen Wasser haben wir guten Appetit bekommen und auch das heutige Restaurant bietet wieder ein ausgiebiges Buffet mit Reis, Gemüse, Fleisch und Fisch. Eine Dame grillt Satey-Spieße frisch am Buffet und wir bitten sie, einige Spieße ohne Marinade für Romy zuzubereiten.

Seit wir uns an der Nordseite der Insel befinden, regnet es häufiger! Die Regenzeit beschert stundenlange, häufig sintflutartige Regenfälle, besonders in den Monaten Dezember bis Februar. Die Monate April bis Oktober rechnet man zur Trockenzeit, wir sind also eher in der Übergangszeit unterwegs.

Wir verbringen den restlichen Nachmittag in unserem gemütlichen Bungalow mit Kaffee trinken, Uno spielen, Reisebericht schreiben und Romy schaut ihre K3 DVD´s am Laptop.

Am Abend sind unsere bissigen roten „Haustiere", also die Ameisen, natürlich wieder da und ich lege mich wieder zu Romy ins Bett.

Mani & Pedi

Wir fahren nach Pemuteran, wo ein Schnorchelausflug mit dem Boot zur Menjangan Insel bevor steht. Schauen wir mal, ob Romy beim Schnorcheln mitmacht!

Das Boot bringt uns in 30 Minuten zu der kleinen vorgelagerten, ganz von Korallenriffen umgebenen Insel Menjangan, von dieser wir direkt vom Strand aus Schnorcheln können. Die Menjangan Insel liegt inmitten des Nationalparks und hat eine eindrucksvolle Steilwand mit zahlreichen Korallen und sehr vielen farbenfrohen Fischen. Nach dem nicht so erfreulichen Erlebnis in Candi Dasa macht Romy beim Schnorcheln natürlich nicht mit. Sie will nicht mal ins Wasser hinein, obwohl das Wasser sehr warm ist und es kaum oder eigentlich gar keine Wellen gibt. Sie hat genug vom Schnorcheln. Nach einer kurzen Diskussion bleibt Romy beim Kapitän auf dem Boot und ich schnorchele mit unserem Schnorchelführer entlang des Riffes und stelle fest, dass dieses Gebiet sich wirklich mit anderen Tauchgebieten wie Bonaire oder den Malediven messen lässt.

Der Norden Balis ist ein noch sehr authentisches Gebiet und es gibt fast keine touristischen Einrichtungen, nur Tauchen und Schnorcheln, und das gleich im Überfluss. Und weil das mit dem Schnorcheln und Romy leider nichts wird, werden wir die Reise wieder umändern und morgen einen freien Tag in Pemuteran eintauschen gegen einen freien Tag in Sanur. Und das Wetter wird an der Südseite der Insel sicherlich schöner sein.

Der Taman Sari Bungalow Park in Pemuteran ist ein Komplex der Superlative. Wieder bekommen wir einen freistehenden Bungalow zugewiesen, dieses Mal mit kuscheligem Himmelbett und einem genialen Badezimmer. Es befindet sich wieder draußen, das Duschebecken ist im Boden versenkt und sicherlich 70 Zentimeter tief, Romy nutzt es als eine Art Badewanne. Im Garten des Badezimmers blüht eine Bougainvillea rosarot, die Blüten liegen überall im Badezimmer verstreut und wir haben eine gemütliche Terrasse sogar mit Liegestühlen, umgeben von einem kleinen Teich mit Fröschlein. Und wieder sind überall im Zimmer Blumen dekoriert! Das Zimmermädchen muss sicherlich 1 Stunde pro Tag nur damit beschäftigt sein Blumen aus dem Garten aufzuheben und zu sammeln, die für die Dekorationen im Zimmer benutzt werden. Das Zimmer duftet herrlich nach den Blüten.

Die Anlage hat auch einen Beauty Bereich und weil es gerade ziemlich regnet, lasse ich mich zum ersten Mal in meinem Leben mit einer Maniküre und Pediküre verwöhnen. Die vom Urlaub strapazierten Hände und Füße werden durch 2 Damen mit Peelings, Massagen und zum Schluss mit einer pflegenden Creme verwöhnt. Mit frisch lackierten Nägeln bezahle ich nach einer Stunde IRP 200.000, also Euro 15,00. Ich muss zu Hause mal nachschauen was so was bei uns kostet, wird sicherlich für nicht mal 15 Minuten reichen....

Chili

Direkt neben unserer Anlage befindet sich die Meeresschildkröten-Schutzstation des Australiers Chris Brown. Hier werden die Eier von den vom Aussterben bedrohten Meeresschildkröten, die zuerst am Strand gelegt und dann von Chris ausgegraben werden, in der Station ausgebrütet. Eine Schildkröte legt zwischen 100 – 120 Eier und 70 % davon schlüpfen. Wenn die Schildkrötenbabies nach 2 Monaten aus den Eiern schlüpfen, werden die Tiere in einem Becken der Schutzstation „gefangen" gehalten. Nach 3 Monaten sind die Tiere stark genug und bereit, sich im warmen Wasser des Bali Sees zu vergnügen. Romy darf sich heute in der Früh eine Schildkröte aussuchen und tauft dieses Tier mit dem Name Chili. Um IRP 100.000 (= Euro 7,50) darf Romy ihrer Chili die Freiheit geben und wir hoffen natürlich, dass Chili noch lange und sehr glücklich im Bali See leben wird. Romy bekommt eine offizielle Urkunde mit der Nummer der Schildkröte und ist ab heute stolze Besitzerin einer echten Meeresschildkröte!

Nach dieser aufregenden Tat fahren wir in südlicher Richtung weiter und halten bei einem Tempel an, wo sich zahlreiche Affen befinden. Verschiedene Bereiche des Tempels sind zugesperrt, weil die Affen alles mitnehmen und zerstören. Die Affen klauen sogar Reis aus den Opfer-Häuschen. Echt frech!! Wir wandern noch kurz die

Straße entlang und schauen den Affen eine Weile beim Schwimmen im Meer zu. Sehr witzig, wie Menschen!

Weiter geht es durch die Berge nach Pupuan, wo es schrecklich zu regnen beginnt. Weil unser Chauffeur während der Fahrt mit seiner Müdigkeit kämpft, frage ich ganz unauffällig, ob wir nicht mal kurz für eine Kaffeepause anhalten können. Madi wird hoffentlich froh sein, dass ich kurz anhalten möchte und ich hoffe natürlich, dass er sich inzwischen erholen kann. Am Vorabend haben die zwei bei einem Gamelan-Konzert mitgemacht und es ist spät geworden....

Die Aussicht vom Restaurant ist sehr lohnenswert, etwas mystisch mit dem Regen und Nebel zwischen den Bäumen und das wichtigste: der Kaffee schmeckt sehr gut. Nach einer halben Stunde steigen wir gestärkt, und Madi hoffentlich ausgeruht, wieder in das Auto.

In Pupuan beziehen wir unser nächstes Zimmer und es regnet immer noch ganz extrem. In der Zwischenzeit bestellen wir im Restaurant einen *jaffle* und am späten Nachmittag, als es wieder trocken ist, ziehen wir die Bergschuhe an, um einen kurzen Spaziergang zu machen. Gerade als wir aus dem Haus gehen, treffen wir Agas und Madi und fragen ob die zwei mit uns mitgehen. Der kurze Spaziergang wird zu einer schönen 2-stündigen Wanderung und wir sehen viele verschiedene Fruchtbäume wie Kakao, Sternfrucht, Schlangenfrucht, Durian, Papaya und Bananen. Weil es so stark geregnet hat, ist der orangefärbige Lehmboden sehr rutschig und klebrig, aber das ist uns egal, wir haben die Bergschuhe an. Agas und Madi sind wieder mit den Flip Flops unterwegs und taumeln durch die Gegend. Die Wanderung führt zuerst entlang der Reisfelder, wo wir übrigens wieder eine Schlange sehen, und später durch den Wald. Dann sperrt ein Bach, welcher durch den Regen zum Fluss geworden ist, uns den Weg ab. Madi probiert mal, wie tief der Bach geworden ist und steht mit seinen Flip Flops knietief im Wasser. Er nimmt Romy auf dem Rücken mit zur anderen Seite. Ich ziehe lieber die Bergschuhe aus. Morgen steht noch eine Wanderung auf dem Programm und die Schuhe werden bis morgen - in fast 100 % Luftfeuchtigkeit - sicherlich nicht trocken werden. Auf der anderen Seite des Baches gelangen wir zu einem Dorf, wo viele Menschen in den Plantagen arbeiten. Hast du gewusst, dass fast 90 % der Indonesischen Bevölkerung in der Landwirtschaft arbeiten?

Nach dem Frühstück fängt Romy zum Weinen an. Sie will Chili mit nach Hause nehmen, sie fehlt ihr so. „Mädel, das geht nicht. Schildkröten gehören ins Meer." Dann folgt 1000 Mal ein „Ja, aber ..", bis ich keine Gegenargumente mehr habe. Suchend nach Lösungen, wie sie Chili doch mitnehmen kann, füllt Romy ihren Rucksack mit ihren alten Spielsachen und wir wandern zum Nachbardorf. Eigentlich hätte Agas uns für eine Wanderung abholen sollen, aber er ist nicht aufgetaucht. Das erste Kind treffen wir beim Supermarkt und Romy holt ein Spielzeug aus ihrer Tasche. Dann kommt eine Frau auf uns zu und fragt, ob wir nicht mit ihr mitkommen möchten. Wir dürfen zu ihrer Wohnung und sie erzählt, dass sie in unserem Hotel als Kellnerin arbeitet. Sie hat zwei Kinder, ein Mädchen von 6 und einen Buben von 1,5 Jahren. Das Haus ist maximal 10 m² groß und besteht aus einer Küche-, Wohn- und Schlafzimmer, also alles in einem Raum. Die Balinesen bauen selten Häuser mit mehr als einem Raum. Oma kehrt mit ihren 85 Jahren den zum Trocknen am Boden liegenden Reis und Papa liegt auf der Couch. Typisch Indonesisch!!! Der Nachbar mauert fleißig, ein neues Haus entsteht - so zu sagen im Garten der Familie der Kellnerin. Grundgrenze gibt es hier anscheinend keine.

Es spricht sich schnell herum, dass Romy Spielzeug verteilt und von überall kommen Kinder zu ihr. Sie verteilt sehr selektiv ihre alten Spielsachen und ist stolz, dass sie den Kindern jetzt auch ein Kuscheltier schenken kann. Hundy „schaut" dem Ritual natürlich gelassen zu, er wird nicht verschenkt – niemals! Nach 2 Stunden schütteln wir allen Kindern die Hand und wandern noch etwas durch das Dorf, bis die ersten Regentropfen fallen.

Zurück im Hotel halten wir uns im frisch gemachten Zimmer auf, wo die Betten tadellos zurecht gelegt worden sind, die Handtücher wieder aufgehängt, das „complimentary" Wasser wieder nachgefüllt und frische Frangipani Blüten zwischen den Handtüchern und auf den Polstern hingelegt worden sind. Sogar unsere Wanderschuhe, die bei der gestrigen Wanderung echt unglaublich schmutzig geworden sind, glänzen wieder. Jeder schaut hier auf unser Wohlbefinden!

Opfergabe

Der Meerestempel von Tanah Lot ist einer der National-tempel Balis, der von allen Balinesen verehrt wird. Er ist den Göttern des Meeres geweiht und soll die Balinesen vor den bösen Dämonen, die im Meer wohnen, schützen. Tanah Lot ist wegen seiner außergewöhnlich schönen landschaftlichen Lage recht berühmt. Er liegt auf einer kleinen Felseninsel in unmittelbarer Nähe der Küste. Der Tempel ist nur bei Ebbe zu erreichen und wir haben heute Glück. Es ist Ebbe und wir spazieren gemütlich zur anderen Uferseite, dann die Enttäuschung - wir dürfen nicht in den Tempel hinein! Kein Zutritt. Stattdessen geben wir einem Herrn eine Geldspende und dürfen dafür kleine schwarz-weiß gestreifte Schlangen an-schauen, die dort in einer kleinen Höhle leben, etwas enttäuschend ist das schon.

Du kommst nicht darum herum: die Zufahrtsstraße mit den unzähligen Souvenirbuden in der Nähe des Tempels. Bunt gefärbte „I love Bali" T-Shirts, hölzerne Masken, geschnitzte Tiere, farbenfrohe Taschen, Bambus Tisch-dekorationen mit Servietten aus Batik-Stoff, Ketten aus Muscheln oder Flip Flops mit großen Plastikblumen vorne drauf, es ist schwierig zwischen dem wertlosen Schnickschnack ein nützliches Geschenk zu finden. Schließlich finden wir für Romy's Papa einen großen hölzernen Helikopter, für Romys Freundinnen Sophia und Leah eine Tasche mit einer Muschel vorne drauf und ich schenke mir einen Schlüsselanhänger, gefertigt aus der Rinde eines Bananen-Baumes. Ein freundlicher Herr brennt in zierlicher Schrift eine Giraffe und meinen Namen drauf. Romy möchte auch so einen Schlüsselanhänger, natürlich mit einer Schildkröte drauf. So etwas hat der Man nicht, aber weil Romy eben so drängt, malt er an Ort und Stelle liebevoll eine Schildkröte, die Chili sogar ähnlich sieht.

Inzwischen färbt sich der Himmel wieder schwarz. Wir bummeln genau eine Minute zu lange durch die Straßen und schaffen es gerade nicht rechtzeitig ins Auto hinein, obwohl das Auto nicht mal 10 Meter von uns entfernt steht! Es regnet und wie!!!!! Die Straße steht innerhalb von einer Minute 10 Zentimeter unter Wasser. Wir bleiben vor einem Geschäft unter dem Vordach stehen. Madi wagt es zum Auto, nach 2 Sekunden ist er durch und durch nass. Aber gut, er ist der Chauffeur und muss das Auto holen. Jetzt ist Agas an der Reihe, uns ins Auto zu bringen ist seine Aufgabe. Wir werden mit einem Regenschirm abgeholt, gelangen trotzdem auch nicht ganz trocken ins Auto. Einfach brutal!

Der Mengwi Tempel steht noch auf unserem heutigen Programm, aber etwas weiter landeinwärts, da wo sich der Tempel befindet, schaut der Himmel noch schwärzer aus. Stattdessen fahren wir nach Sanur, dem Endziel der Reise und voraussichtlich scheint dort die Sonne! Der Weg führt durch Denpasar, die Hauptstadt Balis, wo gerade eine Leichen-Verbrennung stattfindet. Der Tod ist bei den Balinesen nur ein Schritt weiter dem großen Ziel entgegen, der Reinkarnation! Deswegen ist in Indonesien das Sterben eines Angehörigen kein unendlich trauriges Ereignis, sondern es überwiegen die positiven Aspekte – eigentlich eine schöne Denkweise.

Hast du übrigens gewusst, dass die Zahnfeil-Zeremonie eine der wichtigsten Zeremonien im Leben eines Balinesen ist? Sie findet statt, wenn jemand ca. 16 Jahre alt ist. An der Zeremonie nimmt das ganze Dorf teil, mit vielen Opfergaben, viel Gamelan Musik und festlicher Kleidung. Der Priester feilt die sechs oberen Vorderzähne, das Endergebnis symbolisiert den zivilisierten Menschen.

Am Abend geht die Jammerei wieder los, Romy will Chili unbedingt mit nach Hause nehmen, sie fehlt ihr so. Wieder folgt eine ganze Liste mit „Nein", darauf folgend „Ja, aber …". Ich muss gestehen, sie hat wirklich gut darüber nachgedacht, wie das mit der großen Schildkröte bei uns zu Hause in der Wohnung gehen soll. Was soll ich jetzt noch einbringen, mir fehlen die richtigen Argumente, ich meine DIE Argumente, die sie wirklich davon überzeugen, dass Chili nicht mitkommen kann. Abgesehen davon, dass wir Chili im Bali See nicht mal mehr finden werden….

Sanur

Das Ende der Rundreise nähert sich und wir genießen den heutigen Tag am Schwimmbad. Wir sind in Sanur angekommen, das Pauschal-Touristenzentrum Balis, und der Ort bietet sicherlich einen höheren Standard als die großteils Billigunterkünfte in Kuta – im Südwesten gelegen. Das neue Luxusresort Nusa Dua hat 1983 Sanur vom ersten Platz vertrieben. Trotzdem ist das Segara Village, wo wir uns gestern einquartiert haben, eine der schöneren Anlagen mit herrlichem Schwimmbad, schönem Garten, einem beliebten Restaurant und das Zimmer ist sowieso brillant! Es gibt hier sogar einen Tempel auf dem Hotelareal. Hast du übrigens gewusst, dass Frauen während der Regel einen Tempel nicht betreten dürfen???

Romy spielt den ganzen Tag beim neulich renovierten Schwimmbad mit Chloë, einem 4-jährigen Mädchen aus Perth, Australien. Für diese Familie keine Rundreise, sondern ein Strandurlaub, wie wir Europäer auf Gran Canaria, Kreta oder Ibiza machen würden.

Entlang der Küste lädt eine Wanderpromenade zum Bummeln und Flanieren ein, was wir am Abend auch gerne machen. Habe ich schon erwähnt, dass du auf Bali Traveller Cheques schon in nur 1 Minute wechseln kannst? Bei fast allen Supermärkten, Souvenirbuden, Restaurants, Hotels oder kleineren Banken - echt überall kannst du die Dinger einfach und schnell umwechseln.

Und, ganz wichtig, der Wechselkurs ist viel besser wie auf Java!

Unzählige Restaurants befinden sich entlang der Promenade und überall wirst du eingeladen – lies: „hinein gequatscht". Ich entscheide mich selbst für eines der Restaurants.... natürlich das Falsche! Speziell für die Touristen wird ein Barong Tanz aufgeführt. Das diesem Tanz zu Grunde liegende Prinzip ist der urbalinesische Glaube an das Gute und das Böse. Der Barong, ein Fabeltier verkörpert das Gute, das Böse manifestiert sich in Rangda, einer Hexenwitwe. Der Barong ist ein Ungeheuer mit einem Kopf und einem Körper, also eine Maske und eine Art Kostüm – lies: ein Stück Stoff, wo mehrere Männer darunter stecken. Als Romy das Ungeheuer sieht, erschreckt sie sich fast zu Tode. Sie schreit und weint bitterlich. Weil ich mit meinen Rücken zum Barong sitze, habe ich die Situation leider zu spät bemerkt. Gott sei dank reagiert eine nette Kellnerin und ermahnt das Ungeheuer zu gehen, was es auch brav macht! Romy zittert noch eine Weile nach. Als 6-jähriges Mädchen neben so einem Ungeheuer zu sitzen, ist natürlich auch eine unheimliche Erfahrung. Wie in Österreich die schrecklichen Krampusse bei mir für traumatische Erfahrungen sorgen!

Die Lösung

Die indonesische TRAVELKID Reiseagentur, die unsere Reise zusammengestellt hat, lädt uns, bevor wir nach Jakarta fliegen, zum Mittagessen ein und wir genießen zum letzten Mal von einem Buffet mit Nasi Goreng, Satey und andere wunderbare indonesische Spezialitäten. Wir bedanken uns recht herzlich bei Harris, der auch wieder mit von der Partie ist, und bei Judy von der Reservierungsabteilung, in Vertretung von Paul, und werden mit sehr schönen Geschenken überhäuft: ein persönliches Namensschild aus Holz. Ich bekomme ein Exemplar für mein Büro, Romy eines für ihre Schlafzimmertüre und von Harris bekommt Romy liebevoll ein Paar Flip-Flops geschenkt.

Weil es noch etwas zu früh für den Transfer zum Flughafen ist, schlage ich vor, die Agentur in Denpasar kurz zu besuchen. Wir werden dort ganz herzlich begrüßt und bekommen eine Führung durch das Gebäude. Computer, womit ich vor 20 Jahren gelernt habe, viel zu kleine Schreibtische und das gesamte Personal in Uniform. Aber egal, alles hat wunderbar geklappt! Kompliment an alle Mitarbeiter. Wir machen noch schnell einige Fotos von der gesamten Crew und beeilen uns dann zum Flughafen, für unseren Flug nach Jakarta.

Am Flughafen Jakarta sind wir wieder in die Zivilisation zurückgekehrt und gerade hier staunen wir beim interessanten Schild auf der Toilette. Damit es für JEDEN deutlich ist, zeigt das Schild, dass die Klo-Schüssel zum drauf sitzen ist und nicht um dich oben drauf hinzukauern....

In Jakarta besuchen wir am nächsten Vormittag nochmals den Freizeitpark Anchol - dieses Mal die Sea World Abteilungen. Zuerst möchten wir das Meeresaquarium anschauen, aber diese Idee haben heute auch ungefähr 1000 Schulkinder gehabt. Nach einer Stunde sind uns die Ohren von dem Lärm quasi zugefallen und wir flüchten in einen anderen Bereich. Hier bewundern wir Shows mit Delphinen und Seelöwen und sogar ein Nilpferd tritt auf! Wir finden auch fünf große erwachsene Meeresschildkröten in einem kleinen Bassin von nicht mal 2 x 2 Meter. Die Tiere liegen alle übereinander und haben kaum Platz sich irgendwie in dem kaum 30 Zentimeter tiefen Wasser zu bewegen. Patrice, nütze deine Chance, das ist die Gelegenheit Romy mal zu fragen, ob es Chili bei uns in der Duschwanne auch so gefallen würde. Sie braucht nicht lange nachdenken, der Anblick ist auch erschreckend. „Nein Mama, das wird Chili nicht gefallen". „Gut, dann lassen wir sie jetzt im Bali See herum schwimmen und sobald du tauchen kannst, werden wir sie wieder mal besuchen, okay?" „Okay!" Manchmal sind „Argumente in Bildform" die Hilfreichsten, zuerst musst du sie aber finden.... Und jetzt, wo Romy kurz davon überzeugt ist, dass Chili im Bali See doch besser aufgehoben ist, fliegen wir schnell nach Hause, bevor sie es sich doch noch anders überlegt......

Radtour mit Bagiada | Wanderung Reisfelder

Tirtagangga Wasserpalast | Menjangan Island

Freilassung Chili | Spielzeug verteilen Belimbing

2015 | Cooking Class mit Ada | Abrakadabra

Herzliches Wiedersehen

Exakt sieben Jahre später stehe ich wieder auf dem indonesischen Boden. Beim Anflug habe ich den Bromo Vulkan auf Java bereits wiedererkannt und auch das Gefühl, dass der Pilot die Maschine statt am Flughafen von Denpasar quasi im Meer aufsetzt, hat für eine Wiedererkennung gesorgt. Das Flughafengebäude hat sich in sieben Jahren auch nicht verändert und es schaut nach wie vor - wie alle anderen Flughäfen auf der Welt - grau und trostlos aus. Ich weiß nicht, warum die großen Gebäude immer so farblos sein müssen. So für den ersten Eindruck, als Visitenkarte vom Land, darf man ruhig etwas mehr Farbe einbringen.

Aber nicht alles ist gleich geblieben. So haben sich die Einreisebestimmungen verändert und inzwischen dürfen Passagiere aus vielen EU-Ländern Visumfrei einreisen. Auch meine Begleitung hat sich geändert. Vor sieben Jahren bin ich noch mit meiner Tochter Romy nach Bali geflogen. Heute ist meine Freundin Ada Rosman-Kleinjan aus Holland mit dabei. Sie hat sich „bereit erklärt" mit mir innerhalb von acht Tagen das komplette Bali Programm inklusive Hotels und Aktivitäten für TRAVELKID auf Kindertauglichkeit zu überprüfen. Das ist nämlich der Grund von meinem zweiten Besuch in Indonesien: eine Inspektionsreise oder Fam Trip im Fachjargon.

Seit sieben Jahren steht Bali bei TRAVELKID auf dem Programm und, wie bei allen anderen Destinationen, „leben" die Dienstleistungen. So wechseln Hotels den Besitzer oder stehen sie unter neuem Management. Das kann von Vorteil sein. In Ubud habe ich zum Beispiel beim schönen Agung Raka genau das Gegenteil gesehen: Überbuchungen und fehlerhafte Preisabsprachen waren an der Tagesordnung. Gäste haben manchmal kein Häuschen bekommen, sondern sind in einem Zimmer untergebracht worden. Wenn es dann ein schönes Zimmer ist, kann man damit noch leben. Wenn die Aussicht vom Nebengebäude dir einfach nur noch das Gefühl gibt, dass du im Gefängnis bist, ist auch bei mir Schluss mit lustig! Deswegen findest du das Agung Raka bei uns nicht mehr im Programm. Die Gäste, die mich und TRAVELKID kennen, wissen, dass die Qualität von den Unterkünften passt. Gut, man kann über die Einrichtung oder die Freundlichkeit vom Personal diskutieren, aber alle Hotels liegen immer in einer höheren Kategorie in perfekter Lage und sind sehr sauber. Lieber eine Buchung weniger als eine Beschwerde. Ich möchte, dass meine Gäste, und vor allem die Kinder, eine schöne Reise haben. Ganz stolz bin ich darauf, zu erzählen, dass 99,9% der Gäste auch sehr zufrieden sind und über die Qualität der Hotels und Serviceleistungen im positiven Sinne teilweise sehr erstaunt sind. Auch Google ist von dieser hohen Rate beeindruckt und kann es kaum glauben. So wird die Website im Ranking – trotz vielen angelegten Tools – bei den Sternebewertungen immer noch nicht angezeigt. Wir sind zu gut!

Wie schon gesagt „lebt" eine Destination. Nicht nur wegen den Hotels, auch bei den Aktivitäten ändert sich immer wieder etwas. Manche fallen weg. Neue kommen dazu. So findest du das Elefantenreiten nicht mehr im Programm. Dieses „Vergnügen mit Tieren" wird immer mehr kritisiert und da liegt viel Druck von außen auf den Reiseveranstaltern diese Aktivitäten aus dem Programm zu nehmen. Und wir geben dem Druck nach, vor allem weil die Tierhaltung auf Bali auch wirklich dramatisch ist. Stattdessen habe ich – auf Empfehlung von Gästen – eine Cooking Class hinzugefügt. Etwas was ich noch nie gemacht habe und morgen mit Ada ausprobieren werde.

Inzwischen haben wir die Einreiseformalitäten am Flughafen erledigt und werden wir in der Ankunftshalle von meiner Reiseagentur herzlich begrüßt. Ariana hat mich schon erkannt und winkt, ich sehe den Big Boss Paul schon stehen. Fantastisch, ihn, dem ich fast täglich maile, endlich mal wiederzusehen. Auch Wayan und Madi sind mit dabei und hängen uns eine herrlich duftende Kette aus Frangipani Blumen um. Ich bin von so einem warmen Willkommen komplett überrascht. Auch Ada ist über die euphorische Begrüßung erstaunt, so ist sie noch nie empfangen worden. Ada ist eine holländische Autorin und schreibt Reiseberichte über ihre Reisen, die sie gemeinsam mit ihrem Mann Jan unternimmt. Vierzig Jahre Reiseerfahrung haben die zwei schon gesammelt, darüber hat sie 20 Bücher geschrieben und schon über

13.000 Bücher verkauft. Ihr Bestseller „In Namibia" ist sogar auf Deutsch übersetzt worden! Ada und Jan reisen nicht als Luxustourist, sondern sind mehr oder weniger als Backpacker unterwegs, obwohl der Rucksack schon längst in einen Reisekoffer umgetauscht worden ist. Sie reisen sehr viel mit den Öffis und übernachten in kleinen Backpacker-Unterkünften. Jetzt verstehst du wahrscheinlich, warum Ada sich freiwillig bereit erklärt hat, die neuen 4-Sterne Luxushotels zu testen! Ich hoffe, sie kann so viel Luxus vertragen…

Wir verabschieden uns von Paul und Ariana und steigen bei Madi und Wayan in das Auto. Paul und Ariana sehen wir am Ende der Reise wieder. Ich freue mich auch Madi wieder zu sehen. Er war vor sieben Jahren auch mein Chauffeur und er hat als einer unserer fixen Chauffeure bereits viele TRAVELKID Gäste begleitet. Auch die eine oder andere TRAVELKID Familie wird Wayan, den Reiseleiter, kennen. Warum das Team ändern, wenn sie perfekte Arbeit abliefern? Warum Agas nicht dabei ist, werde ich etwas später erzählen. Wir sehen ihn bestimmt noch.

In knappen 40 Minuten fahren wir gemütlich nach Ubud, dem bekannten Künstlerdorf im Landesinneren von Bali. Obwohl es bereits Rushhour ist, kommen wir gut voran und ich hatte schon wieder vergessen, wie es auf den Straßen ausschaut. Witzig, dass du diese Sachen vergisst und trotzdem sehr schnell wieder erkennst. „Oh schau Ada, Madi sitzt an der falschen Seite", sage ich. Ich habe noch gar nicht registriert, dass hier Linksverkehr ist, obwohl ich es weiß. Vielleicht die Müdigkeit? Ich bin gestern Abend mit Qatar Airways von München zuerst nach Doha geflogen und Ada ist von Amsterdam nach Doha geflogen. Getroffen haben wir uns mitten in der Nacht am Flughafen von Doha um die nächste Strecke gemeinsam zu absolvieren. Hast du gewusst, dass Qatar Airways in 2015 zur besten Airline der Welt gewählt worden ist? Ich kann es nur bejahen. Es ist tatsächlich eine prima Airline mit gutem Service, freundlichem Personal und den neuesten Maschinen, wie dem neuen Dreamliner von Boeing.

Als wir beim The Sungu Hotel ankommen, ist es bereits sieben Uhr abends. Das The Sungu Hotel ist neu im Programm und definitiv eines der besseren Hotels aus dem Bali Programm. Es bekommt von den Gästen auch immer eine sehr hohe Weiterempfehlungsrate. Schnell stellen wir das Gepäck auf unser Zimmer, staunen über das schöne Zimmer tun wir später. Gleich rechts gegenüber vom Hotel suchen wir ein nettes Restaurant auf und bestellen einen Salat. Als zwei durchtrainierte Reisende wissen wir, wann und ob wir Salate essen können. Und auf Bali geht das prima. Ein Glas Wein dazu und durchatmen. Pfff… die Inspektionsreise hat begonnen!

Cooking Class

Wayan und Madi stehen schon vor unserem Hotel. Sie haben den Auftrag immer 30 Minuten vor dem abgemachten Termin da sein und sind somit immer reitzeitig vor Ort. Paul, dem Chef meiner Agentur, ist ein hohes Maß an Service sehr wichtig. Ich habe ihn oder sein Personal noch nie auf Schlampigkeit ertappt, wichtig zu wissen!

Zuerst fahren wir zum Markt in Ubud und treffen hier eine andere Familie, sie haben 2 Töchter von 10 und 14 Jahren dabei. Gemeinsam werden wir heute an der Cooking Class teilnehmen. Bevor es so weit ist, besuchen wir den Markt und lernen, welche typisch balinesischen Zutaten wir zum Kochen benötigen. Unser Koch Gede ist mit dabei und zeigt uns Ingwer, Knoblauch, Chili, Longbeans und andere Zutaten, die wir beim Kochen verwenden werden. „Der Markt beginnt täglich um 4 Uhr morgens. Dann bekommst du die schönsten und frischesten Zutaten, deswegen schauen wir jetzt nur und kaufen nichts ein", erzählt Gede. So kurz vor halb 9 sind die Zutaten nicht mehr so frisch, obwohl ich da bei manchen keinen Unterschied sehe.

Ada kauft Kopi Luwak, eine etwas eigenartige und sehr kostbare Kaffeesorte, auch Katzenkaffee genannt. Es gibt einen bestimmten Schleichkatzenart, einen sogenannten

Fleckenmusang, welcher die Bohnen vom Kaffeestrauch frisst. Die Bohnen werden im Darm nicht verdaut, sondern verlassen im Ganzen den Hinterausgang. Die Fäkalien werden eingesammelt, gewaschen, gebrannt und daraus wird Kaffee gemacht. Es ist eine der teuersten Kaffeesorten der Welt! Und diese „Scheiße" soll ein Geschenk für ihren Mann sein...

Mit dem Geschenk in der Tasche und dem Fachwissen über die Zutaten fürs Kochen im Kopf fahren wir zum Restaurant, in dem die Cooking Class stattfindet. Der Glaube ist auf Bali fixer Bestandteil des täglichen Lebens und damit das Essen auch gelingt, bekommen wir zuerst einen Mini-Kurs und basteln eine kleine Opfergabe. Aus Bananenblatt und kleinen Bambussprossen, die als Nadeln dienen, basteln wir eine Art Schüssel und verzieren das Ganze mit Blüten vom Frangipani Baum. Unsere Opfergaben finden beim kleinen Haustempel einen Platz. Den Segen für eine gelungene Mahlzeit haben wir. Jetzt müssen wir nur noch kochen.

Der wichtigste Bestandteil der indonesischen Küche ist das Kokosöl. Auch ich koche, auf Grund meiner Paleo-Diät, mit Kokosöl und bin eigentlich neugierig, wie Kokosöl entsteht. Gede erklärt, dass das Fruchtfleisch zuerst sehr fein gerieben und danach mit Wasser gekocht wird. Drei Stunden lang! Die reine weiße Flüssigkeit die dann oben treibt, ist das Kokosöl. Hier in der Hitze in flüssiger Form, bei mir zu Hause in der Küche in fester Form und sehr gesund!

Die Küche steht voll mit kleinen Schüsseln voller frischer Zutaten. Zwölf Messer und Hackblöcke stehen bereit, insgesamt nehmen heute 12 Personen an der Cooking Class teil und wir lernen sie erst mal kennen. Betreut werden wir von 6 Köchen. Und es geht auch gleich los. Die meiste Arbeit ist das Schneiden der Zutaten. Ich kümmere mich um die Satey Sauce, nicht Paleo, aber eine Sünde wert. Knoblauch, Ingwer, Chili und Zwiebeln schneide ich in kleine Stücke. Sobald etwas fertig geschnitten ist, nimmt einer der Köche es schon mit und stellt es da hin, wo der nächste Schritt für die Zubereitung stattfindet. Die Familie mit den 2 jüngeren Kindern ist begeistert. Natürlich schneiden die Kinder mit Hilfe der Köche selbst! Das können sie schon. Auch wechseln die Personen in kleinen Gruppen einander ab und ich bin immer wieder bei jemand anderem in einer Gruppe eingeteilt. Erstaunt bin ich vom gesamten Ablauf des Teams. Wenn eine Schüssel oder ein Messer benutzt ist, wird es gleich sauber gemacht, die nächsten Zutaten, Pfanne und andere Kochutensilien stehen schon bereit – alles funktioniert wie eine gut geölte Maschine!

Wir kochen eine Suppe, ein Dessert, drei Saucen, Reis und 2 Speisen. Ich möchte dir hier nicht zuviel verraten. Lasse dich überraschen! Ich möchte nur noch erzählen, dass es unglaublich viel Spaß gemacht hat. Auch die Kinder waren begeistert, nicht zuletzt, weil sie natürlich selbst kochen und schneiden durften, ohne Papa und Mama die ständig „ausbessern". Von meinen Gästen bekomme ich oft das Feedback, dass die Kinder, wenn sie die Cooking Class gemacht haben, während der Reise

Speisen wieder erkennen und dadurch schneller etwas probieren, als bei anderen Reisen. Sehr hilfreich für schlechte Esser. So kann ich diese Aktivität als kindertauglich bezeichnen und fix im TRAVELKID Programm hinzufügen.

Nachdem wir die köstlichen Speisen auch aufgegessen haben und diese natürlich herrlich geschmeckt haben, steigen wir wieder bei Wayan und Madi ins Auto. Das Nachmittagsprogramm besteht aus Hotels anschauen, 4 insgesamt.

Das Bebek Tepi Sawah Hotel, das Buwana, Rama Phala und The Lokha. Begleitet werden wir dabei vom Sales Representative meiner Agentur: Arya. Ein lieber Kerl, den ich nur von den E-Mails kenne und du hast beim Schriftverkehr immer ein anderes Bild von einer Person. Witzig!

Dass ein schönes Hotel nicht immer ein kinder- und familienfreundliches Hotel ist, beweist sich auch heute wieder. So ist das Buwana für mich unbrauchbar. Es hat nämlich nur Doppelzimmer, keine Dreibett-, keine Familienzimmer, keine Zimmer mit Verbindungstüre. Auch das The Lokha ist weniger brauchbar. Das Hotelgelände ist gegen einen Flusshang gebaut mit vielen sehr steilen Stufen. Für Kleinkinder zu gefährlich und mit Kinderwagen nicht machbar. Auch Ada ist erstaunt über die Kriterien auf die ich schaue, ob ein Hotel auch für Familien mit Kindern geeignet ist, weil sie das Hotel echt fantastisch findet. Über viele Kriterien, die ich abarbeite, hat sie, und auch viele unserer Familien, noch nie nachgedacht. Logisch. Was viele nicht wissen, ist, dass nicht jedes Doppelzimmer auch für drei oder vier Personen zugelassen ist. Es geht dabei vor allem um den Feuerschutz und die dazugehörige Haftung. Ein Doppelzimmer mit Zusatzbett akzeptiert die Versicherung oft noch, aber mit einer 4. Person steigt die Versicherung – egal ob in Deutschland, Namibia, Amerika oder auch Indonesien – meistens aus und wird keine Haftung mehr übernommen. Oft glauben Eltern mit einem Baby, dass dieses Kind wohl irgendwie ins Zimmer mitgenommen werden kann, `weil es noch so klein ist`. Der Versicherung ist es egal ob groß oder klein. Gehaftet wird für 3 Personen und im richtigen Ernstfall darfst du entscheiden, für welche von den 4 Personen keine Haftung übernommen werden soll. Welche Person der Familie ist am wenigsten wert? Ich als Reiseveranstalter kann dieses Spielchen gar nicht mitspielen. Es ist übrigens erstaunlich, wie viele Familien diese Haftung umgehen möchten, denen dies egal ist und das vierte Kind im Elternbett schlafen lassen möchten. Sobald Kinder, egal ob 4 oder 14 Jahre, ein eigenes Zimmer bekommen, auch mit Verbindungstüre, werden die Kinder zu Vollzahlern. Ob du jetzt ein Zimmer oder zwei Zimmer bezahlen musst, ist natürlich eine Budgetsache. Das ist mir bewusst und somit bin ich immer auf der Suche nach diesen Nadeln im Heuhaufen: ein leistbares Familienzimmer für 3, 4, 5 und sogar 6 Personen. Und natürlich werden wir fündig! In welchem Hotel wir so ein Zimmer gefunden haben, verraten wir jetzt nicht. Etwas an Fachwissen darf Betriebsgeheimnis bleiben. Auch entdecke ich Luxuszimmer, die für 5 und 6 Personen zugelassen sind, sogenannte Poolvillen. Ein Zimmer mit 2 getrennten Schlafzimmern und einem privaten Schwimmbad dabei. Natürlich in der höheren Kategorie, mit Butlerservice, mega luxuriös und oft, sicherlich bei 6 Personen, nicht viel teurer als 2 Dreibettzimmer. Und etwas Luxus darf ruhig mal sein, oder? Nur Familien mit Kindern, die nicht schwimmen können, sollten sich den privaten Pool direkt vor der Türe gut überlegen!

Nach der dritten Hotelbesichtigung haben Ada und ich Lust auf einen Kaffee. Wir fragen Wayan nach einer dementsprechenden Möglichkeit. Komplette Panik! So eine schwierige Frage hat er noch nie bekommen. Wayan diskutiert eine Weile mit Madi und beide haben echt keine Ahnung, wo sie uns hinführen könnten. Das mag wohl daran liegen, dass wir nicht nach einem Bali-Kaffee sondern nach einem Cappuccino gefragt haben. Ich weiß nicht, ob du den Bali-Kaffee schon mal probiert hast. Unten im Glas befindet sich eine Schicht von 2 Zentimetern Kaffeesatz. Der Löffel bleibt einfach aufrecht drin stehen. Ich mag ihn nicht! Dann haben wir beim vierten Hotel Glück. Beim Bebek Tepi Sawah Hotel werden wir auf einen Kaffee eingeladen und so testen wir nicht nur die Hotels, sondern auch den Kaffee. Und der ist fabelhaft!

Drahtesel

Vor sieben Jahren habe ich die Radtour schon mal gemacht. Sie ist für Familien mit Kindern immer eine nette Aktivität und du bekommst während der Radtour einen guten Eindruck von Bali. Ich habe lange nach einem Anbieter gesucht, der diese Radtouren auch für Kinder anbietet, wobei die Leistungen wie Route, Fahrräder etc. tatsächlich für Kinder geeignet sind. Aber darüber habe ich mir bei Bagiada noch nie Sorgen gemacht, das passt! Die Tour geht immer leicht bergab und du bist auf Nebenstrassen unterwegs. Es sind pro Gruppe immer 3 Guides mit dabei und wenn die Kinder nicht mehr mögen, können sie in das Pannenfahrzeug, welches die Tour begleitet, umsteigen. Und haben die Kinder nach 20 Minuten wieder Lust, steigen sie wieder auf den Drahtesel um. Fahrräder gibt es für Kinder ab 6 – 7 Jahren. Sonst gibt es Kindersitze. Dadurch ist die Radtour auch für Familien mit Kleinkindern gut machbar. Etwas mehr Informationen über diese Radtour findest du auf dem Reiseblog http://blog.travelkid.at.

Auch das Wiedersehen mit Bagiada ist herzlich! Sein Haus ist noch das gleiche, nur sitzen wir im Garten nicht mehr am Boden. Bagiada hat 2 schöne Pavillons mit Sitzbänken bauen lassen. Seine Frau kocht übrigens immer noch fantastisch! Da hat sich Gott sei Dank nichts geändert. Nach der Radtour genießen wir das wohlverdiente Essen und schauen auf eine nette Tour zurück.

Am späteren Nachmittag fragen wir an der Rezeption des The Sungu Hotels, ob sie uns zum Zentrum fahren können. Das Hotel liegt 10 Fahrminuten vom Zentrum entfernt, der Shuttleservice ist kostenlos. Zuerst muss ich dringend zum Bankomat, Geld abheben. Es ist auf Bali der einfachste Weg an Rupiahs zu kommen. Ada und ich lassen uns den Spaß nicht entgehen, mal eine Million abzuheben, umgerechnet 70 Euro! Aber Ada's Bankomatkarte funktioniert nicht. Man muss neuestens eine Bankomatkarte bei der Bank für das Abheben im Ausland frei schalten lassen. Ich habe es nur einmal machen müssen. Wie sich später herausstellt, hat Ada ihre Karte schon mal freischalten lassen. Sie hat allerdings eine neue Bankomatkarte bekommen, ihre alte war defekt, und diese Karte war noch nicht frei geschaltet. Gut zu wissen und vorzubeugen! Ich hebe gleich 2 Millionen ab, eine Million für mich, eine borge ich Ada. „Hast du auch deine Karte wieder?", fragt Ada noch. Natürlich! Erst Karte, dann Geld. In China funktioniert es genau umgekehrt und als etwas später eine Dame mit meiner Karte angerannt kommt, weiß ich, dass es auch hier in Indonesien umgekehrt funktioniert. Erst Geld, dann Karte. Aber Ada hat auf dem Flughafen in Doha ihren Reisepass liegen lassen, welcher auch von einem Fremden zurück gebracht wurde. Der Stand der Blödheiten für die erfahrenen Reisenden ist also 1 zu 1!

Ubud hat einen netten Abendmarkt mit vielen Souvenirshops und kleinen Sodas. Das sind kleine Restaurants, in denen frisch gekocht wird und meistens für höchstens 10 Personen Platz bietet. Du kannst hier echt fabelhaft Essen. Wir suchen uns ein Soda aus und bestellen frischen Obstsaft. Ich nehme Melone, Ada Mango und wir essen dazu eine Kleinigkeit. Gleich gegenüber hat eine Mama ein Kleidergeschäft. Ihre 2 Mädels rennen die Straße auf und ab. Und weil die Mädels so süß sind, werden sie immer wieder fotografiert. Und es gefällt den Kindern ständig fotografiert zu werden. Sie haben sich als Profi Models wirklich liebe Posen ausgedacht. Ich nehme auf meinen Reisen immer einen kleinen portablen Fotodrucker mit. Ein Polaroid Pogo, und habe ihn zufälligerweise noch in der Tasche. „Can I take a picture?", frage ich und werde mit einem Big Smile belohnt. Noch ein Bild mit der Handykamera, dann winke ich die Kinder an unseren Tisch. Mit etwas Abrakadabra zaubere ich 2 Bilder aus dem Drucker und bekomme wieder ein Big Smile!

Pünktlich steht der Shuttlebus vom Hotel beim vereinbarten Treffpunkt für die Rückfahrt zum Hotel bereit. Wir sind ziemlich müde, möchten schnell noch duschen und dann ab ins Bett. Das war zumindest der Plan. Ich liege schon 2 Stunden im Bett und obwohl ich davon vielleicht eine halbe Stunde geschlafen habe, bin ich hellwach. „Schläfst du schon?", frage ich leise hinüber. „Nein", sagt Ada und wir lachen über unsere typischen Jetlagproblemchen. Es ist mitten in der Nacht und ich kann jetzt 2 Sachen machen. Entweder bleibe ich liegen und warte ab, ob ich einschlafe. Ich entscheide mich dafür aufzustehen und einen Tee zu trinken. Auch Ada steht auf und mitten in der Nacht genießen wir das Ambiente auf unserer Terrasse. Der Mond beleuchtet den Garten, die Nachttiere quaken und zirpen, eine leichte Brise weht und es ist herrlich warm. Beide wissen wir, durch das viele Reisen, dass es morgen wieder vorbei ist mit dem Jetlag.

LOVe INdonesiA

Nach einem Tag Pause stehen Madi und Wayan wieder pünktlich vor der Türe des Hotels. Nach einer Hotelbesichtigung verabschieden wir uns beim Manager des Hotels und laden das Gepäck ins Auto. Madi nimmt seine Aufgabe als Chauffeur sehr ernst. Er fährt niemals weg ohne nachzufragen, ob wirklich alle Koffer im Auto sind. Erst nach unserem OK fährt er los. Heute geht es nach Lovina im Norden Balis und auf dem Weg dorthin besuchen wir einige Sehenswürdigkeiten. Die erste habe ich mit Romy vor sieben Jahren auch besucht: Goa Gajah oder Elefantentempel. Goa Gajah wurde erst 1923 entdeckt. Zeitlich stammt sie vermutlich aus dem 11. Jahrhundert und noch heute gibt die Wissenschaft einige Rätsel auf. So ist nicht eindeutig geklärt, warum der Tempel Elefantentempel heißt. Elefanten gab es ursprünglich auf Bali nicht. Erst seit der Tourismus weiterentwickelt wurde, kamen die Elefanten, aber nicht im 11. Jahrhundert. Man vermutet dass der Fluss an dem Goa Gajah liegt, für die Namensgebung verantwortlich ist. Der heutige Fluss Petanu soll früher Elefantenfluss geheißen haben.

Wir bekommen einen Sarong um die Hüften gelegt und betreten den Tempel über die alte Treppe. Besonders beeindruckend sind wiederum die vielen alten Statuen, die im Tempel stehen. Auch wird demnächst ein Fest stattfinden, weil alles bereits sehr geschmackvoll geschmückt wurde. Einfach ein netter Ausflug.

Weiter geht die Fahrt nach Penglipuran, einem kleinen typischen balinesischen Dorf und neu im Programm. Die Dorfbewohner haben eine Idee entwickelt, wie sie den Besuchern einen Einblick in die traditionellen Familienanwesen verschaffen können und gleichzeitig etwas Geld verdienen können. Als erstes werden beim Eingang Zettel mit Hausnummern verteilt, darauf Hausnummern von Familien, die heute besucht werden möchten. Jede Familie kann so selbst entscheiden, wie viel Besuch sie haben möchte und wie oft. Der steigende Tourismus hat dazu geführt, dass auf jedem Hof inzwischen irgendwas zum Verkauf angeboten wird, allerdings noch nicht so aufdringlich wie an anderen Orten Bali´s. Die Familien sind sehr Gastfreundlich und führen uns in ihrem Zuhause herum, beantworten unsere neugierigen Fragen und lassen sich freiwillig fotografieren. Ein Zeichen dafür, dass hier der Tourismus noch nicht zu tiefen Veränderungen geführt hat, ist, dass die Einheimischen noch nicht das typische Balinesische Business-Englisch sprechen. Wer mal einen Einblick in ein traditionelles balinesisches Dorf haben möchte, kann sich Penglipuran gerne anschauen, uns hat es gut gefallen.

Das Mittagessen genieße ich wieder im vertrauten Restaurant, oben auf dem Pass mit Aussicht auf den Batur Vulkan. Alle Reiseveranstalter weltweit halten hier an. Das Buffet ist riesig und für jeden Geschmack ist etwas dabei. Nicht authentisch, sondern eher Massenabfertigung, aber es schmeckt hervorragend und auch für Chauffeur und Reiseleiter wird gut gesorgt. Auch das sollten wir im Auge behalten!

Gestärkt fahren wir nach Lovina weiter. An der rechten Straßenseite sehen wir plötzlich einen Tempel, in dem gerade einen Fest gefeiert wird. Ich frage Madi, ob er kurz anhalten kann, damit wir ein wenig zuschauen können. Bali wird auch Insel der 1000 Tempel genannt. Und weil in jedem Tempel mindestens 2 Mal pro Jahr ein Fest abgehalten wird, ist die Chance, dass du bei einem Tempelfest vorbei fährst, sehr groß. Wir steigen aus und Wayan erklärt, dass heute der Geburtstag des Tempels gefeiert wird. Ein wichtiges Fest für das gesamte Dorf. Ada und ich sind heute mit kurzer Hose unterwegs und nicht wirklich für einen Tempelbesuch gekleidet. Ein junger Kerl kommt zu uns, nachdem er sieht, dass wir an dem Fest interessiert sind. Er spricht gut englisch und lädt uns trotz mangelnder vorschriftlicher Kleidung ein, den Tempel zu besuchen. Er bindet uns eine gelbe Schärpe um und so bekommen wir eine private Führung. Ich genieße diese spontanen Einladungen immer sehr. So hast du die Gelegenheit etwas tiefer in das Land einzutauchen und vor allem die Menschen und ihre Sitten kennenzulernen. Natürlich lassen wir am Ende der Führung eine kleine Geldspende da und werden mit unseren Namen an der Spendentafel verewigt!

Auch der nächste Stopp ist ein Tempel der Subak oder Reistempel Puri Beji. Ich kann mich noch erinnern, dass

Romy damals bei diesem Besuch ein wenig gemeckert hat. Entweder war ihr der Tag zu lang oder sie wollte den Sarong nicht umbinden. Auch hier wieder Pflicht und beim Eingang kostenlos erhältlich. Ja, ich weiß wie es ist, mit Kind zu verreisen. Meine Tochter ist da - trotz genügend Erfahrung – nicht anders als deine Kinder! Normalerweise begleitet nur Wayan uns zu den Sehenswürdigkeiten, dieses Mal kommt Madi auch mit. Es ist witzig zu sehen, wie sie sich selbst und einander mit dem Handy fotografieren und den Besuch so richtig genießen. Wayan ist, obwohl er noch relativ jung ist, von der alten Handy-Generation und besitzt ein Handy ohne Internetfunktion, ohne Whatsapp und Social Media. Madi's Selfis sehe ich einen Tag später auf seinem Facebook Account. Auch in dem Bereich hat sich in den letzten sieben Jahren etwas geändert!

Die letzte Aufgabe für heute ist eine Hotelbesichtigung: das Puri Bagus Lovina, in dem ich mit Romy vor sieben Jahren übernachtet habe. Die Weitläufigkeit, Schönheit und Lage des Hotels beeindrucken immer noch und somit kann Altbewährtes manchmal auch bleiben.

Übernachten tun wir woanders. Ich habe vom 5-Sterne Hotel The Damai eine Einladung bekommen und gerne angenommen. Das Hotel liegt nicht direkt am Strand, das ist der einzige Nachteil dieses Hotels. Mit einem Shuttle Service wirst du vom Hotel aus in 5 Minuten zum privaten Strand gebracht. Bali hat vulkanischen Ursprung, deshalb sind alle Strände schwarz. Alles was weiß ist, ist aufgespritzt. Wundere dich also nicht, wenn der Strand eine andere Farbe hat, als in deiner Vorstellung!

Müde von allen Eindrücken lassen wir den Tag an einem Tisch am Poolrand bei Vollmond, einem herrlichen Essen und einem guten Glas Wein ausklingen. Manchmal kann Arbeiten auch sehr schön sein!

Verdorbene Kinder

Am heutigen Vormittag wird erst mal fleißig gearbeitet. Ich muss dringend meine E-Mails beantworten und auch Ada hat einiges zu erledigen. Sie hat gerade ein neues Buch veröffentlicht und viele Bestellungen warten auf eine Antwort. Danach bekommen wir eine Führung im Hotel und fallen vom einen ins andere Staunen. Jetzt habe ich in meiner Karriere schon einiges an Hotels und Luxuszimmern gesehen und getestet, aber bei der Master 2 Bedroom Poolvilla bekomme sogar ich vor lauter Staunen den Mund nicht mehr zu. Romy und ich sind immer zu zweit unterwegs, aber wenn ich irgendwann mal mit 5 oder 6 Personen auf Bali bin, gönne ich mir genau dieses Zimmer. Abartig schön! Ab und zu buche ich dieses Zimmer für Gäste und habe durch das euphorische Feedback schon gewusst, dass dieses Zimmer echt fantastisch ist. Es dann endlich mal „live" zu sehen, ist natürlich nett, dort übernachten zu können, muss gewaltig sein!

Lange können wir den Luxus nicht genießen. Wir haben ja keinen Urlaub! Es geht heute nach Munduk, wieder ins Landesinnere und auf den Weg retour Richtung Süden. Als erstes besuchen wir die Banjar Hot Springs. Damals mit Romy waren wir die einzigen Europäer und es freut mich zu sehen, dass sich hier nicht viel geändert hat. Die Schwefelbäder sind immer noch etwas, in denen sich vor allem die Einheimischen aufhalten. Sowieso ist alles nördlich von Denpasar nicht so touristisch und noch sehr authentisch. Da wo du im Süden der Insel echt aufpassen musst, nicht in den Ballermann-Zirkus zu geraten, wirst du während einer TRAVELKID Reise oft praktisch alleine unterwegs sein. Ich mag den Wirbel selbst nicht gerne und biete es deswegen auch nicht gerne an. Für Ballerman-Szenen gibt es andere Reiseveranstalter.

Auch das buddhistische Kloster Brahma Vihara habe ich mit Romy schon besucht und, weil es so schön ist, möchte ich es Ada kurz zeigen. Bei Madi und Wayan steht dieses „vergessene" Kloster nicht oft auf dem Programm. „Ich komme nur 4 oder 5 Mal im Jahr hierher", erzählt Wayan. Auch Madi möchte sich das Kloster wieder mal anschauen und begleitet uns mit hinein. Und wieder mal ist es schön zu sehen wie die beiden ihr Land lieben und sich über den Besuch freuen. Es ist heute heiß und auf dem Klostergelände rinnt der Schweiß wieder mal den Rücken hinunter. Mit dem Wetter haben wir Glück, es ist jeden Tag herrlich warm mit einer mittelmäßigen Luftfeuchtigkeit. Die Herrlichkeit kommt dann beim Auto. Madi hat eine kleine Kühlbox im Auto und zaubert nach der Besichtigung nicht nur eine Flasche kaltes Wasser hervor, auch Feuchttücher sorgen für ein frisches Gesicht und frische Hände. Es sind Kleinigkeiten, die genau den Unterschied ausmachen!

Erfrischt folgen wir unserem Weg Richtung Munduk. Damals habe ich mit Romy Pupuan und Belimbing besucht. Auf Grund eines Managementwechsels hat sich das Hotel in Belimbing so verschlechtert, dass wir nach Munduk gewechselt haben. Mit Hilfe von unserem damaligen Reiseleiter Agas haben wir ein neues Programm erstellt und es ist immer spannend, wie es bei den Gästen ankommt. So haben wir eine Wanderung ins Programm aufgenommen und Familie Kober, die als erstes das Programm in Munduk gebucht hat, hat diese für mich getestet. Den Bericht findest du auf unserer Website beim Feedback, aber dazu morgen mehr.

Für Familien mit Kleinkindern, die keine 2 ½ Stunden wandern können und wobei die Kinder nicht mehr in einen Tragerucksack passen, organisieren wir hier eine Wanderung zu einem kleinen Wasserfall. Ich möchte den Weg kurz anschauen, so wandern Ada, Wayan und ich gemütlich den Berg hinunter. Den ersten Teil des Weges kannst du sogar mit einem Kinderwagen machen, es sind nur wenige Stufen zu bewältigen. Auf dem Weg hinunter liegt eine kleine Soda, wo du den Kinderwagen stehen lassen kannst und mit den Kleinkindern etwas ausrasten kannst. Knappe 30 Wanderminuten weiter siehst du den Wasserfall dann liegen. Vielleicht nur 30 Meter hoch, aber nett und die kleinen Wassertropfen, die in der Luft schweben, sorgen für etwas Abkühlung. So Ende September sind wir noch in der Trockenzeit unterwegs. Es ist fein warm und wir haben tatsächlich noch keinen Regenguss gehabt! Langsam fällt die Dämmerung herein und auf dem Rückweg zum Auto bekommen wir ein gigantisches Konzert geschenkt. Grillen! Unfassbar wie viel Lärm die produzieren!

Das Munduk Mooding Plantation Hotel ist wieder ein Prachtstück. Ein herrliches 4-Sterne Hotel mit super schönen Bungalowzimmern in einem prachtvollen Garten gelegen und Aussicht über Tee- und Kaffeeplantagen. Und... echt wahr! Ich habe hier von Gästen eine Beschwerde bekommen. „Du hast meine Kinder in Sachen Luxus verdorben", „beschwerte" sich mein Gast mit einem Lächeln. Die Kinder können hier im Zimmer nämlich ein Rosenblätterbad nehmen. Welches Kind will das nicht? Tja, dann ist danach jedes Bad natürlich absolut stinklangweilig! Eine berechtigte „Beschwerde".

Dschungelwanderung

Von unserem kleinen Bungalow sind es 40 riesen Stufen den Hang wieder hinauf zum Parkplatz. Ich habe die Wanderschuhe angezogen, heute kann ich endlich die neue Wanderung testen, worüber die Familie Kober und anderen Familien euphorisch berichteten. „Wenn ich das schaffe, schaffen es die Kinder auch", sagt Ada, voll im Testerfieber. Es sind 5 Minuten mit dem Auto bis wir bei einer kleinen Scheune direkt an der Straße ankommen. Hier erfolgt die Registrierung, wir lassen uns wieder eine Schärpe umbinden und bekommen eine Führerin zugewiesen. Wayan wandert mit uns mit und die Beiden, Wayan und Führerin haben kleine Opfergaben mit dabei. Wayan hat die Kleinigkeiten in einem Plastiksack verstaut, die Führerin, von der ich ihren Name schon wieder vergessen habe, trägt ihre Sachen in einem Bambuskorb auf dem Kopf.

Munduk ist von einem tropischen Regenwald umgeben und bekannt für die Zwillingsseen Buyan und Tamblingan. Ein Gebiet wo die meisten Touristen durchfahren und wir eben anhalten. Nach der Registrierung steigen wir in den Regenwald ab und folgen einem kleinen Waldpfad. Über zahlreiche Stufen geht es nach unten bis wir knappe 30 Minuten später bei einem kleinen Tempelgelände, total verschollen im Regenwald, ankommen. Wayan und unsere Führerin legen ihre Opfergaben auf dem Altar ab, beten ein wenig und erzählen, dass heute beim großen Tempel an der anderen Uferseite ein großes Fest gefeiert wird. So haben wir wieder mal enormes Glück, wir werden später bei diesem Tempel vorbei kommen. Die nächste Stunde geht es über den schmalen Waldpfad weiter, immer tiefer in den Regenwald hinein. Der Pfad ist relativ flach, ohne Steigungen und für Kinder ganz leicht machbar. Auf ein Mal sehen wir mitten auf dem Weg ein totes Tier liegen. Etwas katzenartiges, vielleicht ein Marder. Als ob es so vom Baum heruntergefallen ist.

Es ist immer sehr schwierig im Regenwald zu fotografieren, mit Autofokus fast unmöglich, weil die Kamera nicht weiß worauf sie scharf stellen soll. Und manuell geht heute nicht, ich habe das Stativ nicht mitgenommen. Um der Kamera ein wenig zu helfen und um etwas Farbe und Tiefe ins Bild zu bringen, will ich ein riesengroßes rotes Blatt, welches ich entlang des Weges finde, mitnehmen. Aber ich passe beim Aufheben nicht auf und streife mit meinem Arm an einem Ast vorbei. Ich habe nicht nur einen Kratzer am Arm, er steht auch gleich in Feuer und Flammen. Uhh… da habe ich etwas Giftiges erwischt! Habe ich wieder nicht aufgepasst. Unsere Führerin weiß nicht, wie die Pflanze heißt, zur Sicherheit fotografiere ich das Bäumchen und achte dabei weniger auf die Einstellungen der Kamera. Hier im Wald stehen bleiben, lindert den Schmerz auch nicht, so folgen wir einfach dem Weg.

Irgendwann werden die Klänge der Musik und Stimmen lauter und wir sehen nun auch die 2 Seen vor uns liegen.

Die Musik kommt tatsächlich von der anderen Uferseite, die Stimmen aber vom zweiten Tempel am Ende des Waldpfades. Das Fest ist auch hier beim kleinen Tempel in vollem Gange, sicher hundert Menschen sind in Weiß und Gelb gekleidet, was Reinheit und Feier symbolisiert. Wir dürfen das Tempelgelände nicht betreten, aber gegen Fotos haben die Menschen keine Einwände. Sie posieren in feierlicher Stimmung sogar freiwillig vor und mit uns. „Dieses Fest, der Geburtstag des Tempels, findet nur 1 Mal in 2 Jahren statt", sagt Wayan. Na so viel Glück!

Mit 100 Fotos mehr auf der Kamera geht es noch 10 Stufen nach unten, wo unser Bootsmann mit seinem Kanu schon auf uns wartet. Es sind 2 Boote, wie die afrikanischen Mokoros, welche mit Querträger mit einander verbunden sind. Ganz stabil also und mit einer Rettungsweste auch für Kinder ein sicheres Vergnügen! In einer halben Stunde rudern wir zur anderen Uferseite, wo die Gamelan Musik beim großen Tempel immer lauter wird. Auch hier volle Partystimmung und das ganze Dorf hat seine schönste Kleidung angezogen. Wieder mal eine fantastische Erfahrung.

Madi wartet mit Erfrischungstüchern und kaltem Wasser schon auf uns und voller Erzählungen fahren wir nach Bedugul, keine 10 Minuten von Munduk entfernt. Mein Arm steht immer noch in Flammen und er ist ganz rot geworden. Das echte Feuer zieht langsam weg, trotzdem unglaublich unangenehm und es wird auch noch 4 – 5 Wochen dauern, bis der Arm wieder geheilt ist. Nach einer Stärkung im Restaurant besuchen wir den Markt in

Bedugul und finden hier nicht nur zahlreiche Souvenirs, sondern auch Pflanzen, Obst und Kleidung. Und das Allerwichtigste: ein kleines Kaffeehaus mit herrlichem Cappuccino!! Wayan muss immer wieder lachen, wenn wir über Capuccino sprechen.

Bali hat 3 wichtige Tempel. Der erste und heiligste ist der Vulkantempel genannt: Puri Besakih. Er ist der größte, bedeutendste und heiligste Tempel auf Bali und wird von den Balinesen als Muttertempel verehrt. Die Tempelanlage besteht aus insgesamt 200 Bauwerken, zu denen mehrstufige Tempeltürme, Schreine, offene Pavillons und weitere geschlossene Gebäude gehören. Innerhalb dieser Anlage hat jede Kaste ihre einzelnen Tempel, jede Dorfgemeinschaft ihre eigenen Bereiche und jedes Fürstengeschlecht seinen eigenen Bezirk. Die Wanderung zu diesem Tempel ist für Kinder etwas zu lange, deswegen findest du diesen Tempel nicht in unserem TRAVELKID Programm.

Der zweite ist der Meerestempel Tanah Lot, gelegen an der Westküste und ziemlich nah an Kuta, Legian und Jimbaran. Wenn „Ballermann-Touristen" aus diesen Orten einen Ausflug machen, dann liegt dieser Tempel am nächsten und ist somit der bekannteste und touristischste. Der Tempel liegt auf einer Felsspitze im Meer dicht am Ufer. Auf dem Fußweg ist der Tempel nur bei Ebbe zu erreichen. Am Fuße des Felsens befindet sich eine kleine Höhle mit einer Süßwasserquelle. Diese heilige Quelle wird ständig von einem Priester betreut und gegen ein kleines Entgelt darf man sich mit dem Wasser die Hände oder das Gesicht waschen oder auch einen Schluck trinken. Du darfst aber nicht in den Tempel hinein. Besonders schön ist der Tempel bei Sonnenuntergang und während einer TRAVELKID Rundreise besuchst du diesen Tempel auf dem Weg von Munduk nach Sanur.

Wir besuchen den dritt wichtigsten Tempel: den See- und Flusstempel Ulun Danu. Der Ulun Danu Tempel liegt am Ufer des Bratan Sees, in einer Höhe von 1200 m ü. d. Meer. Der See ist ein Vulkansee, dessen Wasser als heilig gilt. Ein Teil der Tempelanlage, die Meru, wurde auf zwei kleinen Inseln erbaut. Auch eine buddhistische Stupa, in dem sich fünf meditierende Buddhas befinden, ist in der Anlage zu finden. Dieser Tempel steht am Programm, wenn du in Munduk übernachtest.

Direkt am See treffen wir eine balinesische Frau, sehr feierlich gekleidet und mit einer gelben Frangipani Blume in ihren schön hochgesteckten Haaren. Ada ist von der Schönheit der Frau begeistert und fragt ob sie ein Foto machen darf. „Natürlich", sagt die nette Frau geschmeichelt und von so viel Aufmerksamkeit überwältigt. Welche Frau würde das nicht sein?

Böse Überraschung

Weil hier, etwas südlich von Munduk, das Regenwasser an den westlichen Berghängen hinunter läuft, sind genau diese Hänge sehr fruchtbar und ideal um Reis anzubauen. Diese Jatiluwih Reisfelder sind die größte Ansammlung an Reisfeldern in Bali und definitiv einen Besuch wert. Und die Aussicht über die glitzernden Reishalme ist fantastisch! So weit das Auge reicht, sehe ich Reis. Hier steht eine Wanderung kreuz und quer durch die Reisfelder auf dem Programm. Und das Schöne ist, du kannst eine Runde von einer halben Stunde oder Runden von bis zu einem 10 Kilometer-Marsch zurücklegen. It's all up to you! Wir entscheiden uns für einen Mittelweg und legen gleich los. Obwohl ein Teil der Pfade beschriftet ist, sehe ich hier wieder die Vorteile von einem Guide. Ich hätte den Weg nämlich niemals alleine gefunden!

Ein Bauer ist gerade dabei seinen Knoblauch zu ernten und wir besuchen seinen Acker. Vielleicht 20 – 25 m², groß genug um seine Familie mit Knoblauch zu versehen und mit dem Verkauf noch etwas Geld zu verdienen. Ich frage, ob ich ihn fotografieren darf und wieder mal nach etwas Abrakadabra steht auch dieser Bauer mit einem Big Smile und einem Foto in der Hand fassungslos da. Ich glaube, er hat noch nie ein Bild von sich selbst bekommen. Da, wo wir in Europa unbegrenzte Kritik auf die Qualität dieser Bilder äußern werden, weil die auch schlecht ist, gibt es immer noch Menschen auf dieser Welt, die diese mangelnde Qualität ignorieren und sich über ein Bild einfach freuen! Unsere Runde dauert uns inzwischen etwas zu lang. Wir sind schon über 2 Stunden unterwegs und es wird langsam echt heiß. Auch da profitiert man wieder von einem privaten Chauffeur. Madi kommt uns einfach ein Stück entgegen und wartet tatsächlich 10 Minuten später mit kalten Wasser und Erfrischungstuch am Straßenrand auf uns. An soviel Luxus kann man sich wirklich gewöhnen!

Auch der Magen meldet sich und er braucht etwas zu essen. Wayan weiß ganz genau wo er uns absetzen muss; im kleinen netten Restaurant mit fantastischer Aussicht. Ich bestelle Satey und bekomme einen kleinen Griller mit Kohlen direkt auf den Tisch gestellt, auf dem die Hühnerspieße warm gehalten werden. Sie schmecken herrlich, trotzdem sind es viel zu viele Spieße. Ich glaube, ich habe 20 Spieße bekommen. Die letzen vier nehme ich vom Feuer und bringe sie zu Wayan und Madi. Sie haben inzwischen auch etwas zu essen bekommen, freuen sich trotzdem über die Spieße.

Bevor wir nach Sanur fahren, besuchen wir noch den Pura Taman Ayun, den königlichen Tempel, gebaut in traditioneller balinesischer Architektur. Pura Taman Ayun bedeutet Tempel des schwimmenden Gartens. Erbaut wurde der Tempel im Jahr 1634 auf einer Flussinsel vom Prinzregenten I Gusti Agung Anon Putra-Raja von Mengwi. Er gehört zu den neun wichtigsten

Staatstempeln und dient quasi als Ersatz für den Muttertempel Puri Besakih. Im Pura Taman Ayun befinden sich sieben-, neun- und elfstöckige Pagoden mit Schreinen der wichtigsten Götter und auch einige Ahnenschreine der Herrscherfamilie von Mengwi. Ich finde den Tempel echt superschön, er hat etwas Magisches.

Untergebracht sind wir in Sanur im Desa Segara, in dem ich mit Romy vor sieben Jahren auch war. Damals ein herrliches Hotel ganz am Ende vom quirligen Boulevard. Sanur ist nämlich so gegen Ende der Reise ein Kulturschock. Wir waren jetzt 7 Tage quasi alleine auf Bali unterwegs und haben kaum Touristen gesehen. Sanur ist ein touristisches Zentrum, mit dem positiven Aspekt, dass es einer der ruhigsten Orte des südlichen Ballungszentrums ist! Viele Jahre hat dieses Hotel ausgezeichnete Weiterempfehlungen bekommen, bis eine der Familien, die hier untergebracht waren, die Bemerkung äußerte, dass es hier ziemlich rund geht. Ich habe nicht so richtig verstanden, was gemeint war, weil das Hotel doch so schön war, aber als wir eine Führung über das Hotelgelände bekommen, verstehe ich es. Das Hotel hat sich, vor allem an der Promenadenseite, verdoppelt. Hilfe! Sicherlich wird es eine Zielgruppe für die neuen Fazilitäten geben. Es wird das Hotel auch Kunden kosten. Ich werde meine Gäste in Zukunft lieber in einem anderen Hotel unterbringen. Morgen besuchen wir wieder ein paar, mal sehen ob da etwas Geeignetes dabei ist.

Viel Tourismus hat auch so seine Vorteile, so finden wir zahlreiche Souvenirgeschäfte und wir haben endlich die Möglichkeit mal eine Million auszugeben. Bis jetzt habe ich erst zweimal Geld abgehoben. Unglaublich, aber du wirst dein Geld im Norden Balis einfach nicht los. Bis jetzt. Gleich beim Abendessen ist es spürbar, dass wir im Touristenzentrum angekommen sind. Die Preise von den Speisen und Getränken sind im Vergleich zum Norden gleich um 20 – 30% gestiegen. Wir geben hier am letzten Abend mehr Geld aus, als die 7 Tage davor.

Als wir zum Hotel zurück wandern, kommt uns eine Frau entgegen, wieder in festlicher Kleidung und mit einem enormen Stapel an Opfergaben auf ihrem Kopf. Ganz überrascht sind wir, als wir bemerken, dass es die schöne Dame aus Bedugul ist, mit der Frangipani in ihrem Haar. Auch sie erkennt uns und wir freuen uns über dieses Wiedersehen.

Und noch ein Wiedersehen steht heute Abend auf dem Programm. Ein Wiedersehen mit Agas, gleichzeitig ein Wiedersehen mit gemischten Gefühlen. Obwohl es damals zwischen Agas und mir nicht so geklappt hat, was mehr an mir als an ihm gelegen ist, hat er zahlreiche Familien begleitet und war bei der Neugestaltung des TRAVELKID Programms immer sehr hilfsbereit und hat gute Ideen mit eingebracht. Und jetzt, sieben Jahre später, bin selbst ich immer noch vom Programm beeindruckt. Es steht wie ein Haus! Ich hatte schon längst wieder vergessen, wie schön Bali eigentlich ist. Fast niemand nimmt sich die Mühe ein Land zum zweiten

Mal zu besuchen. Ich verstehe es ein wenig. Immerhin möchte auch ich lieber ein nächstes Land „abhaken" als ein Land wieder zu besuchen. Trotzdem besuche ich meine Destinationen regelmäßig und vergesse dabei oft, wie schön das Land war. Ich kann euch nur sagen, ein Land nochmals zu besuchen ist echt keine Strafe! Auch Agas ist im Laufe der Jahre als Reiseleiter gewachsen und war der Meinung, dass er sich viele Sonderleistungen erlaubten könnte. So haben wir uns, ohne weiter darauf einzugehen, von Agas trennen müssen. Trotzdem ist es ein nettes Wiedersehen und er erzählt über sein neues Projekt. Er baut Luxusvillen in der Nähe von Candidasa und möchte meine Empfehlungen in Sachen Kindertauglichkeit hören. Ich bin neugierig wie es wird, wenn alles fertig ist und verfolge die Bauaktivitäten via Facebook. Ich habe in jedem Fall einen neuen Grund gefunden wieder nach Bali zurück zu kommen!

Abschied

Den letzten Tag nützen wir für Hotelbesuche. Bevor es soweit ist, besuche ich wie immer das Büro meiner Agentur. Obwohl es schon sieben Jahre her ist, ist das Wiedersehen mit dem gesamten Team herzlich. Auf unserem Reiseblog http://blog.travelkid.at habe ich einen Bericht gepostet, weil die Bali Reise auch einen Fairtrade-Gedanken hat. Hier nochmals der Bericht.

Ich denke, du willst für deine Kinder nur das Beste. Du willst, dass die Kinder in der Schule ihr Bestes geben, du bist bereit Geld für eine Ausbildung auszugeben und willst sicherlich, dass deine Kinder studieren und später gute Jobs bekommen. Nur wenn es keine Arbeitsplätze gibt, schaut es weniger rosig aus.

Weißt du eigentlich, wie vielen Menschen du einen Job besorgst, wenn du über TRAVELKID eine Rundreise nach Bali buchst? Du buchst bei uns eine sogenannte Fair Trade Reise, denn was ein Arbeitsplatz in diesen Ländern für die Menschen dort bedeutet, brauche ich wahrscheinlich nicht erklären, oder?

Während meiner letzten Reise auf Bali habe ich unsere Agentur besucht und hiermit stelle ich das Team, verantwortlich für die Organisation von deiner Reise, mal vor. Du wirst erstaunt sein, wie vielen Leuten du durch deine Fair Trade Buchung einen Job besorgst.

Ganz als erstes kommt jede E-Mail bei Paul an. Paul hat vor 25 Jahren mit dem Incoming Reisebüro angefangen und ist der Big Boss. Sein Arbeitstag beginnt um 4 Uhr morgens. Dann geht er alle Mails durch, verteilt die Aufgaben pro Abteilung und leitet die Mails an die zuständigen Personen weiter. Wenn es sich um eine Buchung handelt, geht meine E-Mail zuerst an die Reservierungsabteilung. Der Name sagt es natürlich schon. Hier werden alle „außer Haus" Services wie Hotels und Aktivitäten gekauft und reserviert.

Die Reservierungsabteilung und die finanzielle Administration gehen Hand in Hand. Sobald das Hotel für dich gebucht ist, haben wir auch einen Preis. In der Finanzabteilung werden all diese Kosten zusammengefasst, berechnet und kalkuliert. Hinzugefügt werden „im Haus" Kosten für Transport, Chauffeur und Reiseleiter. Alles muss berechnet und kalkuliert werden, eine zeitaufwendige Arbeit. Wenn der Preis steht und die Leistungen reserviert sind, geht alles zurück zu Paul. Da findet die Zwischenkontrolle statt. Wenn die Reservierungen stimmen, die richtigen Zimmerkategorien gebucht sind und auch der Preis passt, gibt er das Okay. In unseren Augen sicherlich nicht immer der einfache Weg. Nur ist in diesen Ländern das Haben eines Jobs sehr wichtig. So werden auch viele „Kleinjobs" geschaffen, Arbeitsplätze die es bei uns schon längst nicht mehr gibt. Fair Trade pur!

Danach bekommt TRAVELKID die Bestätigung der Rundreise und wir bestätigen die Reise an dich, den Kunden. Nur damit ist die Buchung deiner Reise noch immer nicht komplett. Im Hintergrund wird fleißig weitergearbeitet und sind noch mehr Menschen mit deiner Buchung beschäftigt. Eine Abteilung fehlt in der Auflistung noch, nämlich Operations. In dieser Abteilung werden die Autos für den Kunden eingeteilt. Außerdem soll das Auto auch mal sauber gemacht und zum Service gebracht werden. All diese Sachen werden in ein Planbord eingetragen. Das gleiche passiert mit dem Personal. Es ist wichtig zu wissen, dass der Beruf Reiseleiter in Indonesien geschützt ist. Einem Chauffeur ist nicht erlaubt, Gäste zu begleiten. Und auch am Flughafen gibt es eigene Betreuer, die in der gesicherten Zone arbeiten dürfen. So wirst du von einem „Abholer" beim Ausgang vom Flughafen empfangen. Er organisiert dann das Auto samt Chauffeur und Reiseleiter und diese 2 Personen begleiten dich während der Reise. Einer der oh so wichtigen Kleinjobs, die das Fair Trade Reisen rechtfertigen.

Und noch immer sind wir nicht fertig! Alle Kosten, die während deines Aufenthalts vor Ort entstehen, wie Übernachtung für Reiseleiter und Chauffeur, Parkgebühren, Maut, Mittagessen, kleine Eintritte bei einem Tempel, Wasserfall oder beim balinesischen Dorf müssen am Ende deiner Reise wieder zusammen gerechnet werden und das Finanzteam rechnet alle diese Kosten ab. Du bist dann schon längst wieder zu Hause und hast sicherlich eine wunderschöne Reise gemacht.

Wie du siehst, ist das Buchen von einer organisierten Reise für Länder wie Bali ganz wichtig. Arbeit bedeutet Geld, Geld bedeutet Ausbildung. Mit deiner Buchung schaffst du Arbeitsplätze für sicherlich 10 Mitarbeiter! Hättest du jemals gedacht, bereits so viel mit einer Fair Trade Reise beizutragen? 10 Personen beschäftigen, bedeutet 10 Familien von 3 bis 6 Personen, also fast 60 Personen. So viele Personen ernährst du mit deiner Buchung! Da sind das Personal in all den Hotels und Tempeln noch gar nicht mit eingerechnet. Es ist eine enorme Summe an Arbeitsplätze, welche du mit der Buchung einer organisierten Reise kreierst. Das nenne ich Fair Trade Reisen!

Das gesamte Team auf Bali ist euch für ihren Arbeitsplatz sehr dankbar. Hiermit sagt das Team auf Bali auch mal Hallo und Danke zu Euch!!!

Mit einem Teil des Teams fahren Ada und ich zu einem Restaurant für ein gemeinsames Mittagessen und ich erfahre so einiges über das Personal. Die Geschichte von Madi finde ich immer noch beeindruckend. Als er 14 oder 15 Jahre alt war, hat er sich zum ersten Mal bei Paul gemeldet. Madi wollte für Paul arbeiten. Durch seine Standfestigkeit hat Paul ihn zuerst jahrelang sein Auto waschen lassen und danach mehrmals Geld für eine Ausbildung angeboten. Aber Madi wollte Chauffeur werden und lehnte ein Studium ab. Jetzt 25 Jahre später macht er noch immer seinen Traumberuf und arbeitet nach wie vor für Paul. Inzwischen hat er 3 Söhne und eine ganz liebe und sehr gebildete intelligente Frau geheiratet. Der Satz „follow your dream" gilt für Madi auf jeden Fall. Und obwohl die Kommunikation mit ihm sich etwas schwieriger gestaltet, weil er eben keine Fremdsprachen gelernt hat, versteht er alles! Egal ob Deutsch, Englisch oder Holländisch. Es ist wie bei meiner Tochter. Ich rede nur holländisch mit ihr, sie antwortet niemals in Holländisch, dadurch fehlt ihr die Übung holländisch zu reden. Gleich wie bei Madi, aber er ist nicht zu unterschätzen!

Nach dem Mittagessen verabschieden wir uns beim größten Teil des Personals und besuchen mit Arya die Bali Pavillons. Ich habe diese Unterkunft vor Jahren von einer holländischen Freundin empfohlen bekommen. Paul kennt das Hotel auch nicht und begleitet uns bei der Besichtigung. Die Pavillons sind eine Unterkunft der Sonderklasse, kleine Poolvillen in einem herrlichen grün umrandeten Garten. Bis zu 4 Personen haben in einer Villa Platz, eine herrliche Unterkunft und du wirst hier das Ende einer Reise so herrlich genießen können.

Weil das Desa Segara nicht mehr so toll ist, wie damals, suche ich eine Alternative. Arya hat es mir beim Mittagessen schon erzählt und auch Paul hat eine Idee. Er nimmt mich mit zum Griya Santrian, auch am quirligen Boulevard gelegen. Durch die Einteilung des Hotels liegen die Zimmer weiter nach hinten, dadurch viel ruhiger, alles ist viel weitläufiger und von dem Wirbel am Boulevard ist nicht viel zu merken. Gemütlich trinken wir mit dem Hotelmanager noch einen Obstsaft und sind dabei so tief im Gespräch, dass wir fast die Zeit vergessen. Wayan weiß, was ein professioneller Reiseleiter zu tun hat und zeigt auf die Uhr. Es ist Zeit uns von Bali zu verabschieden.

Zuerst bedanke ich mich bei Paul wieder mal ganz herzlich für seine Gastfreundlichkeit und bei Arya für seine Begleitung bei den Hotelbesichtigungen. Wayan und Madi fahren mich zum Flughafen, wo ich mich mit Tränen in den Augen von den Beiden verabschiede. So viel Lebensfreude, so viel Liebe für das was sie machen, so viel Professionalität mit fantastischem Service. Nicht weil sie müssen, sondern weil sie das machen, was sie lieben. Gib etwas mehr Geld aus und lasse diese Jungs deine Reise begleiten. Du wirst es nicht bereuen! Weil, nach einer Woche testen, muss ich es echt zugeben. Das Bali Programm steht wie ein Haus und … es kann gebucht werden. Jederzeit!

Kanufahrt Zwillingsseen | Tempelfest

Bei der Arbeit | Penglipuran | Brahma Vihara Kloster

Begegnungen Ulun Danu Tempel | Knoblauch Bauer

Das Dream Team auf Bali freut sich auf deinen Besuch!

TRAVELKID „abenteuerlich einfach"

Fernreisen und Kinder passen wunderbar zusammen. Unter dem Motto *„abenteuerlich einfach"* stellt **TRAVELKID**, ein sehr dynamisches Internet-Unternehmen, Reisen in entfernte und exotische Länder vor – maßgeschneidert für Familien mit Kindern.

TRAVELKID kommt ohne Hochglanzprospekte oder überflüssige Fransen aus, im Internet (www.travelkid.at) ist alles Wissenswerte zu finden. Dabei geht Klasse vor Masse: jede Reise wird gemeinsam mit einem lokalen Reisebüro individuell zusammengestellt. Nicht zuletzt der Kunde profitiert davon, dass diese Agenturen ihr Land und das touristische Angebot wie ihre Westentasche kennen.

Da die **TRAVELKID** Reiseziele außerhalb des europäischen Kulturkreises liegen, kommt die Familie in Kontakt mit anderen Menschen, fremden Kulturen und

Religionen, unbekannten Gebräuchen und ungewohnter Mentalität. Besonders das Reisen <u>mit</u> Kindern bietet den Erwachsenen die Möglichkeit, die Welt einmal mit den Augen der Kinder zu sehen – ein erstaunliches Erlebnis. Und weil diese Rundreisen nur im individuellen Rahmen stattfinden, gibt's statt Bettenburgen kleine, feine, sehr authentische Unterkünfte, meist mit Pool, Strandnähe oder Spielplatz und von Einheimischen geführt. Auch große Reisebusse haben hier nichts zu suchen, **TRAVELKID** nützt für seine Rundreisen Zug, Boot, Mietwagen und wie hier auf Bali sogar mit eigenem Chauffeur.

Jetzt heißt es also abstimmen, wohin die Reise geht: nach Jordanien ins Beduinenzelt und zum Toten Meer, nach Florida zu Krokodilen und Mickey Mouse, nach Namibia für eine Safari und Dünenbesteigung oder eben nach Bali zum Vulkan-Bestaunen und Delphin-Beobachten?

Bali ist eine wirklich interessante und kinderfreundliche Destination und **TRAVELKID** liefert ein ergreifendes und abwechslungsreiches Programm, abgestimmt auf „junge und alte" Kinderwünsche.

Wenn du mit deiner Familie auch gerne eine Indonesien Reise unternehmen willst, dann schicke einfach ein E-Mail an info@travelkid.at für ein unverbindliches Angebot.

TRAVELKID Reisetipps

T = Transport

Wir reisen auf Bali mit einem eigenen PKW, ab 4 Personen mit einem kleinen Minibus. Weil in Indonesien Linksverkehr herrscht und der Verkehr manchmal, in unseren Augen, ohne Regeln und ziemlich chaotisch abläuft, ist es sicherer das Auto mit einem privaten Chauffeur zu mieten. Er kennt das Land, er kennt die Verkehrsregeln und vor allem den Weg. Die Wegangaben sind nicht immer deutlich vorhanden. Außerdem trägst du so einen Beitrag zu Fair Trade Reisen bei.

In Asien wird zahlreich mit einem privaten Chauffeur gereist, manchmal üben die Chauffeure eine Art „Doppelfunktion" aus, indem sie auch die Funktion eines Reiseleiters übernehmen. Wir haben zum Chauffeur extra einen Reiseleiter gebucht, das ist Pflicht, da dies in Indonesien ein geschützter Beruf ist. Die Löhne sind in Indonesien sehr niedrig, somit ist das Mitnehmen eines extra Reiseleiters keine große Geldsache.

Sowohl Royen als auch Agas und Wayan sind sehr professionell, haben ein gutes Know-How und können sehr gut mit Kindern umgehen. Der Kontakt mit einem Reiseleiter ist natürlich sehr eng, du bist ständig mit ihm unterwegs. Da kann es mal vorkommen, dass die Chemie untereinander nicht ganz so stimmt. Wir haben mehrere deutschsprechende Reiseleiter unter Vertrag, da passt sicherlich einer zu Euch.

R = Reisedokumente

Reisepass
Der Reisepass muss mindestens 6 Monate über das Visum hinaus gültig sein. Im Reisepass muss noch mindestens eine freie Seite im Bereich „Sichtvermerk" sein. Auch Kinder und Säuglinge brauchen einen eigenen Reisepass mit Foto.

Visum
Österreichische Staatsbürger benötigen seit Juni 2015 kein Visum mehr. Bei Aufenthalten von 31 bis zu 60 Tagen ist das Visum vor der Abreise beim indonesischen Generalkonsulat in Wien zu beantragen.

Bei Eintritt ins Land erhält jeder Reisende eine Devisenerklärung im Flugzeug, die auszufüllen ist. Gegenstände, die du für deinen persönlichen Bedarf während der Fahrt und des Aufenthaltes benötigst, können zollfrei ein- und ausgeführt werden. Nimm bitte Abstand von der Ausfuhr evtl. antiker Waffen, alter Bilder und teurer Kunstgegenstände.

Diese Regelungen gelten für österreichische, deutsche und Schweizer Staatsbürger. Reisende anderer Nationalitäten bitten wir, sich über die entsprechenden Einreisebestimmungen bei der indonesischen Botschaft ihres Landes zu erkundigen.

Bei der Ausreise aus Indonesien ist am Flughafen von Denpasar und Jakarta eine Flughafen-Gebühr in Höhe von 100.000 Rupiah (~ € 9,-) zu entrichten.

Impfungen
Wir empfehlen, dich rechtzeitig vor der Abreise mit einem Tropenarzt in Verbindung zu setzen, um dich über entsprechende Gesundheitsvorsorge und die eventuellen Impfungen zu informieren. Unsere Angaben zu Impfungen sind nur als Empfehlungen anzusehen, dafür kann von TRAVELKID verständlicherweise keine Haftung übernommen werden.

Wir haben folgende Impfungen gehabt:

- Diphtherie, Tetanus, Polio
- Hepatitis A, Hepatitis B

Wir haben keine Malaria-Prophylaxe eingenommen. Der mittlere Teil Javas hat ein geringes Infizierungsrisiko, Bali ist frei von Malaria.

Wir sind nicht gegen Typhus geimpft. Wir sind der Meinung, dass die Chance sich in einem 4 Sterne Hotel mit Typhus zu infizieren praktisch null ist.

A = Alter der Kinder

Indonesien ist eine Destination für jedermann. Natürlich bitten wir um einige Flexibilität, weil Indonesien doch ein armes Land ist und manche Sachen einfach anders laufen als bei uns.

V = *Valuta*

Die Währung in Indonesien ist Rupiah. 1 Euro = 14,932 Indonesian Rupiah und 10.000 Indonesian Rupiah = ca. € 0,67 (Stand April 2016). Es gibt neue und alte Münzen und Scheine, oft mit unterschiedlichen Motiven, die jedoch alle gültig sind.

Am günstigsten ist es für dich, wenn du eine Bankomat-Karte mitnimmst. Auf Bali kann mit einer Maestro-Karte fast überall Geld von Automaten abgehoben werden. Nicht vergessen: Es gibt ein neues Gesetz, welches fordert, dass du bei deiner Bank zuerst deine Bankomat-Karte für´s Ausland freischalten musst.

Bargeld in Euros ist in den meisten Orten auch wechselbar. In der Regel erhält man für größere Banknoten einen besseren Umtauschkurs. Durch die ständig schwankenden Wechselkurse des Rupiah ist es ungünstig, bereits in Österreich umzutauschen. Außerdem ist es nicht erlaubt, größere Mengen indonesischer Rupiah einzuführen.

E = *Elektrizität*

Die Spannung in Indonesien beträgt 110 oder 220 V, Frequenz 50 Hz. Es werden häufig verschiedene Steckerformen – im Besonderen aber dreipolige Stecker – verwendet. Die Mitnahme eines Adapters ist zu empfehlen. Bei den vielen Geräten ist es ratsam einen Steckerblock mitzunehmen.

L = Logis

Übernachtet haben wir in komfortablen und gemütlichen 4 Sterne Unterkünften mit Schwimmbad. Außerdem liegen einige Hotels nah am Strand. Es sind kleine Luxushotels, so dass du in den Zimmern in der Regel eine Minibar und Farbfernseher vorfindest. Die Zimmer besitzen meistens Klimaanlage oder Ventilatoren, außerdem sind sie ausgestattet mit einer eigenen Dusche oder Badewanne und WC. Auf Bali ist es ganz normal, dass sich das Badezimmer im Außenbereich befindet, es gibt dann nur eine Mauer, aber kein Dach.

Hier haben wir übernachtet:

Auf Java

Jakarta	Ibis Tamarin Hotel
Bandung	Papandayan Hotel
Pangandaran	Nyiur-Indah

(Das Sunrise Beach ist nicht empfehlenswert!)

Wonosobo	Kresna Hotel
Yogyakarta	Yogyakarta Plaza Hotel

Auf Bali

Ubud	Agung Raka Bungalow
	The Sungu

Candi Dasa	Puri Bagus Candi Dasa
Lovina Beach	Puri Bagus Lovina Beach, The Damai
Pemuteran	Taman Sari Bali Cottages
Pupuan/Munduk	Cempaka Belimbing Mooding Plantation
Sanur	Segara Village

K = Klima & beste Reisezeit

Indonesien hat, durch seine Lage in der Nähe des Äquators, das ganze Jahr durch eine konstante Temperatur von 30 °C. Nur in höheren Berggebieten kann es etwas abkühlen. Zwischen Mai und Oktober ist es in weiten Teilen des Inselreiches relativ trocken, dagegen herrscht zwischen November und April Regenzeit. Extreme Trockenzeiten fehlen in Indonesien fast ganz, was auf die Insellage zurück zu führen ist. Die Wassertemperaturen liegen durchschnittlich bei 28°C.

Reisen in der Regenzeit ist nicht unbedingt nachteilig, wie man vielleicht denken könnte. Die Regenschauer sind meist nur kurz und heftig und für Mensch und Natur eine angenehme Erfrischung. Deshalb ist Indonesien ein ganzjährig gut bereisbares Urlaubsziel.

I = Internationale Zeitverschiebung

Die internationale Zeitverschiebung zwischen Mitteleuropa und Bali beträgt 7 Stunden während der Winterzeit und 6 Stunden während der Sommerzeit. Zwischen Java und Bali verläuft eine Zeitzone. Somit ist es auf Java immer eine Stunde früher als auf Bali.

D = Dinner und anderes Essen

Neben den vielen Möglichkeiten, original indonesisch zu essen, findest du auch zahlreiche Restaurants mit einer internationalen Küche. In den großen Städten bieten Restaurants genügend andere Speisen wie Hamburger, Pommes, Toast, Würstel, Pizza, Entrecotes und anderes Leckeres.

Typisch Indonesische Speisen sind:

Gado Gado: Gemüse mit Reis, darüber eine Soße aus Erdnüssen mit Kokosmilch. In der Regel isst man dieses Gericht kalt.

Nasi Goreng: Gebratener Reis mit Gemüse. Je nach Preis wird dieses Gericht auch mit Fleisch, Huhn, Fisch, Garnelen oder Muscheln angeboten, manchmal mit einem Spiegelei dazu.

Nasi Campur: wie Nasi Goreng, aber dann mit gekochtem Reis.

Soto Ayam: Soto sind Suppen, Ayam ist Hühnerfleisch, also Hühnersuppe. *Soto Sayur* ist Gemüsesuppe, *Soto Daging* Rindfleischsuppe.

Satey: Das weltbekannte Nationalgericht. Am Holzkohlengrill gegrillte Spieße mit Hühnerfleisch. Manchmal kannst du die Spieße auch mit Rind, Schwein oder Garnelen bestellen. Eine Erdnussbuttersauce macht das Gericht komplett.

Tee, Kaffee, Wasser, Bier, Wein sowie Limonaden und frisch zubereitete Fruchtsäfte sind überall erhältlich.

Das Wasser kann nicht direkt aus dem Wasserhahn getrunken werden. In den meisten Hotels bekommst du eine gratis Wasserflasche pro Person und Tag.

Wichtige Adressen

Botschaft der Republik Indonesien
Gustav-Tschermak-Gasse 5-7
1180 Wien - Österreich
Telefon: +43 - 1 - 476 23

Generalkonsulat der Republik Indonesien
Zeppelinallee 23
60325 Frankfurt am Main - Deutschland
Tel. +49 - 69 - 2470 980

Ambassade der Republik Indonesien
Elfenauweg 51
3006 Bern - Schweiz
Tel. + 41 - 31- 352 09 83

Österreichische Botschaft
Jalan Diponegoro 44
Jakarta - Indonesien
Tel. +62 - 21 - 319 381 01

Deutsche Botschaft

Jalan M.H. Thamrin 1	Jalan Pantai Karang 17
Jakarta 10310 - Indonesien	Sanur - Bali
Tel: +62 - 21 - 398 550 00	Tel. +62 - 361 - 288 535

Schweizer Botschaft
Jalan H.R. Rasuna Said, Blok X 3/2
Kuningan Jakarta Selatan 12950 - Indonesien
Tel. +62 - 21 - 525 6061

Fremdenverkehrsamt Indonesien
Botschaft der Republik Indonesien
Lehrter Straße 16 – 17
10557 Berlin – Deutschland
Tel. +49 – 30 – 398 384 75
www.botschaft-indonesien.de

TRAVELKID Fernreisen GmbH & Co KG

Das komplette Reisebüro für deine Indonesien Reise – von der Zusammenstellung der Reise über Hotelreservierung bis hin zu Flugbuchungen, Bestellung des TRAVELKID Reise-Tagebuch für Kinder sowie das Abschließen einer Storno- und Reiseversicherung.

Seeuferstraße 6b - 5700 Zell am See - Österreich
www.travelkid.at | info@travelkid.at

Meine anderen Bücher

18 Fotos
übersichtliche Sri Lanka Karte
116 Seiten
Ausführliche Informationen
Detaillierte Reiseroute
ISBN 9-783-7431-6553-3
Preis: € 11,80
1. Auflage 2016
Neuauflage Januar 2017

Löwentatzen
Mit meiner Tochter auf Abenteuerreise durch Sri Lanka

Die gigantischen Löwentatzen hoch oben auf dem Löwenfelsen in Sigiriya lassen den Umfang des früheren Königspalasts ein wenig erraten. Genauso immens sind die alten Königsstädte Polonnaruwa, Anaradhapura und Kandy. Im **TRAVELKID** Reisebericht **Löwentatzen** – *mit meiner Tochter auf Abenteuerreise durch Sri Lanka* - entdeckt die Autorin Patrice Kragten gemeinsam mit ihrer 13-jährigen Tochter diese und andere Weltkulturen der UNESCO, an denen Sri Lanka reich ist. Ganz spannend sind die Safaris in den Nationalparks Yala oder Minneriya, abenteuerlich ist die Zugfahrt von Kandy nach Nuwara Eliya und sportlich die Radtour in Pollonaruwa. Begleitet werden Kragten und Tochter von ihrem privaten Chauffeur Keerthi, durchaus üblich für eine Sri Lanka Reise. Entdecke wie leicht „die Perle im indischen Ozean" mit Kindern machbar ist, staune über die enorme Anzahl der Teeplantagen im Landesinneren und genieße die perlenweißen Strände der Küste.

„Damit die Menschen nach dem Bürgerkrieg ihr Land wieder aufbauen können, ist mir der Fair Trade Gedanke sehr wichtig. Ich verhelfe lieber einem Chauffeur zu einem guten Job, als Geld in eine internationale Mietwagen-Firma zu stecken."

20 Fotos
übersichtliche Costa Rica Karte
248 Seiten
Ausführliche Informationen
Detaillierte Reiseroute
ISBN 978-3-8448-0164-4
Preis: € 16,00
1. Auflage 2011, 2. Auflage 2016
Neuauflage Januar 2017

Dschungelfieber
mit meiner Tochter auf Abenteuerreise durch Costa Rica

Rauchende Vulkane, freundliche Ticos, saftig grüne Regenwälder, farbenfrohe Dschungeltiere, coole Cowboys und prächtige Strände. Das sind die würzigen Zutaten einer abwechslungsreichen Costa Rica Reise. In diesem neuen TRAVELKID Reisebericht **Dschungelfieber –** *mit meiner Tochter auf Abenteuerreise durch Costa Rica –* erzählt die Autorin Patrice Kragten von ihren Erlebnissen während der Abenteuerreise durch „die reiche Küste", die sie gemeinsam mit ihrer 7-jährigen Tochter Romy im Sommer 2010 unternommen hat. Im Sommer 2016 haben die Zwei Costa Rica nochmals besucht und dabei den Süden erkundet.

Kragten: „Mit einem 4x4 Auto legten wir gemütlich 1.500 Kilometer zurück. Wir besuchten den damals weltweit aktivsten Vulkan El Arenal, erkundeten verschiedenste

Regenwälder zu Fuß, mit dem Boot oder auf dem Rücken eines Vierbeiners. Dabei haben wir die typischen Dschungeltiere wie Giftpfeilfrösche und Faultiere kennen gelernt. Und einige unvorhersehbare Abenteuer kreuzten unseren Weg..."

„Aber wir haben uns vor allem den Traum-Spruch der Ticos, der gleichzeitig auch das Lebensmotto dieses freundlichen Völkchens ist, angeeignet. Also „Pura Vida", genieße das Leben!"

18 Farbbilder
übersichtliche Malaysia Karte
160 Seiten
Ausführliche Informationen
Detaillierte Reiseroute
ISBN 978-3-7431-6523-2
Preis: € 14,00
1. Auflage 2015
Neuauflage Januar 2017

Affentheater
mit meiner Tochter auf Abenteuerreise durch Malaysia

Im Gegensatz zum nördlichen Nachbarn Thailand, ist Malaysia noch so etwas wie eine Unbekannte. In diesem TRAVELKID Reisebericht Affentheater – *mit meiner Tochter auf Abenteuerreise durch Malaysia* - entdeckt die Autorin gemeinsam mit ihrer 11-jährigen Tochter die unterschiedlichsten Facetten von Malaysia und wird dabei feststellen, dass sie die Wunder Malaysias nicht allein mit bloßem Auge erfassen kann. Auf dem Festland beobachtet sie Flora und Fauna im Nationalpark Taman Negara, findet in Kuala Lumpur ein reiches kulturelles Erbe und ist über eine große Auswahl an köstlichen Gerichten beeindruckt.

Im Vergleich zu West-Malaysia findet Kragten auf Borneo nochmals eine andere Welt. Borneo ist mehr eine Naturreise mit exotischen Tieren und Pflanzen, mit kilometerlangen Flussläufen, welche sich durch den dichten Dschungel schlängeln, mit versteckt liegenden Ansiedlungen mitten im Regenwald, welche sich oft nur mit Booten erreichen lassen und weißen Pulverstränden auf wahrhaft paradiesischen Inseln. Malaysia macht definitiv Lust auf mehr

„Wir stehen bei einem Busch und laut Sapri sitzt die Schlange genau vor uns. Romy hat eigentlich ein ganz gutes Gespür für Wildtiere und sieht sie meistens schneller wie ich. Jetzt stößt auch sie an ihre Grenzen."

24 Farbbilder
übersichtliche Namibia Karte
204 Seiten
Ausführliche Informationen
Detaillierte Reiseroute
ISBN 978-3-7431-5442-1
Preis: € 14,00
1. Auflage 2009 | 2. Auflage 2015
Neuauflage Januar 2017

Elefantenspuren
mit meiner Tochter auf Abenteuerreise durch Namibia

In dem ersten TRAVELKID Reisebericht **Elefantenspuren** – *mit meiner Tochter auf Abenteuerreise durch Namibia* - berichtet Patrice Kragten über ihre Erfahrungen während den Rundreisen durch Namibia, die sie gemeinsam mit ihrer Tochter Romy im April 2009 und Juli 2012 unternommen hat. Ob der Bericht jetzt von roten Sanddünen der Sossus Vlei, den Himba-Frauen aus Opuwo oder den Wildtieren Etoshas handelt - die Holländerin hat überall nützliche Informationen für das Unternehmen einer Fernreise mit Kindern eingebunden.

Kragten: „Mit einem 4x4 Fahrzeug, ausgestattet mit einem Dachzelt in dem wir meistens übernachtet haben, legten wir während beiden Reisen 3.760 Kilometer zurück. Wir haben die roten Sanddünen bestiegen, wo unsere Fußabdrücke so groß wie Elefantenspuren geworden sind. Wir besuchten das Himba Volk, die zwar Elefanten kennen, aber keine Ahnung haben, was ein Hai ist. Und natürlich folgten wir im Etosha Nationalpark den Spuren der Elefanten."

„Romy schenkt einem Himba-Kind einen Hai aus Plastik. Die Mutter des Kindes weiß was ein Elefant ist, hat aber keine Ahnung, was der Hai für ein Tier ist und wo er lebt."

22 Fotos
übersichtliche China Karte
176 Seiten
Ausführliche Informationen
Detaillierte Reiseroute
ISBN 978-3-7431-0241-5
Preis: € 14,00
1. Auflage 2013
Neuauflage Januar 2017

Steinhaufen
Mit meiner Tochter auf Abenteuerreise durch China

Weltberühmte Sehenswürdigkeiten wie die Terrakotta-Armee und die chinesische Mauer werden mit weniger bekannten Reisezielen wie der Innenstadt von Lijiang oder dem versteinerten Wald von Shilin abgewechselt. In diesem TRAVELKID Reisebericht **Steinhaufen** – *mit meiner Tochter auf Abenteuerreise durch China* - entdeckt die Autorin gemeinsam mit ihrer 9-jährigen Tochter diese und andere Weltkultur- und Weltnaturerbe der UNESCO, an denen China reich ist. Außerdem hat sie mehrere unterschiedliche Transportmittel von Bahn bis Flugzeug, von Fahrrad bis Bambusfloß und Tuktuk benutzt und damit die Weltmetropolen Peking und Hong Kong erkundet, sowie die saftig grünen Reisterrassen von Longshen und das prachtvolle Karstgebirge rundum Yangshuo entdeckt. Die traumhafte Landschaft der unbekannten und nicht-touristischen inneren Mongolei, im Norden Chinas, haben die beiden mit Pferden ausgeforscht.

„Das eine Kind wird die Schönheit der chinesischen Mauer, der verbotenen Stadt, des Karstgebirges oder einer mongolischen Gedenkstätte erkennen, während das andere Kind diese einzigartigen UNESCO Weltkultur- und Weltnaturerbe als einen Steinhaufen bezeichnet."

29 Fotos
übersichtliche Thailand Karte
188 Seiten
Ausführliche Informationen
Detaillierte Reiseroute
ISBN 978-3-8423-4332-0
Preis: € 11,80
1. Auflage 2012

Tempelhüpfen
mit meiner Tochter auf Abenteuerreise durch Thailand

Im TRAVELKID Reisebericht **Tempelhüpfen** – *mit meiner Tochter auf Abenteuerreise durch Thailand* - entdeckt die Autorin gemeinsam mit ihrer 8-jährigen Tochter Romy die Hauptstadt Bangkok, in der sie durch die schmalen Gassen Chinatowns bummeln und in der Altstadt von Tempel zu Tempel hüpfen. Der Nachtzug führt die beiden nach Chiang Mai, in den bergigen Nordwesten des Landes. Mit einem Mietwagen fahren sie ins Goldene Dreieck, lernen die traditionellen Bergvölker Akha und Karen kennen, besuchen fröhliche Abendmärkte und machen einen Abstecher ins Nachbarland Myanmar. Die tropische Insel Koh Pha-Ngan darf am Ende der Reise natürlich nicht fehlen.

Außerdem geben mysteriöse Mönche, brennender Weihrauch und seelische Therapien dieser Thailandreise eine ganz persönliche Note. Sie sind für die holländische Autorin zu hilfreichen Zutaten für die Verarbeitung ihrer Scheidung geworden.

„Diese Kokosnuss wird mich tagtäglich daran erinnern, warum Thailand ‚Land des Lächelns' genannt wird!"

Dankwort

"Reisen können, ist eine der schwierigsten Künste. Eigentlich müsste man es im Hauptberuf betreiben."

Lieve Romy, ik vind het een voorrecht, jou de wereld te mogen laten zien. Ik bewonder daarbij jouw openheid, flexibiliteit en reislust. Je bent en blijft mijn allerliefste Maus en ik hou zielsveel van je.

Ada, je mag je altijd weer „bereit erklären" om op inspektiereise mee te gaan. Je bent echt een heerlijk gezelschap!

Ein mega herzliches Dankeschön geht an das gesamte Team meiner Agentur. Egal ob im Vorder- oder Hintergrund, hoch oder tief auf der Leiter, jeder leistet einen wichtigen Beitrag um eine schöne Reise für mich und für meine Gäste zu organisieren und durchzuführen. Das eine geht nicht ohne das andere!

Egal ob Renner Ei oder Opfer Ei - Liebe Sonja, es ist jedes Mal wirklich lustig mit dir!

Und, wie immer, ein kleines Dankeschön an Cinderella für ihre magischen Worte: *„Let your dreams come true".*